지금, 육아하는 이유

지금, 육아하는 이유

발행일	2024년 4월 25일		
지은이	아이도		
펴낸이	손형국		
펴낸곳	(주)북랩		
편집인	선일영	**편집**	김은수, 배진용, 김다빈, 김부경
디자인	이현수, 김민하, 임진형, 안유경	**제작**	박기성, 구성우, 이창영, 배상진
마케팅	김회란, 박진관		

출판등록 2004. 12. 1(제2012-000051호)

주소 서울특별시 금천구 가산디지털 1로 168, 우림라이온스밸리 B동 B113~115호, C동 B101호

홈페이지 www.book.co.kr

전화번호 (02)2026-5777 팩스 (02)3159-9637

ISBN 979-11-7224-063-9 03370 (종이책) 979-11-7224-064-6 05370 (전자책)

(주)북랩 성공출판의 파트너

북랩 홈페이지와 패밀리 사이트에서 다양한 출판 솔루션을 만나 보세요!

홈페이지 book.co.kr • **블로그** blog.naver.com/essaybook • **출판문의** book@book.co.kr

작가 연락처 문의 ▸ ask.book.co.kr

작가 연락처는 개인정보이므로 북랩에서 알려드릴 수 없습니다.

두 번의 육아휴직 후 전업육아자로,
두 아이의 아빠가 경험한 육아 세상

지금, 육아하는 이유

Reasons for raising children now

아이도

다시는 돌아오지 않는 시간,
잠시 나를 내려놓으니 특별한 행복이 다가왔다

북랩

작가의 말

육아, 힘들다

'퇴근 후 육아 출근을 한다.' 퇴근 후에도 아이 식사 준비, 목욕, 놀이 등 또 다른 업무가 기다리고 있어 집이 편안한 안식처가 아닌 제2의 직장으로 느끼고 있는 직장인 엄마·아빠의 고된 현실을 보여주는 말이다.

직장인 엄마·아빠만 힘든 것은 아니다. 외벌이 부부라면, 부부 중 한 명은 하루 종일 집에서 살림을 하고, 아이와 전쟁을 치르고 있다. 맞벌이 부부라면, 할아버지나 할머니가 힘든 몸을 이끌고 손자·손녀를 돌보고 있을 수도 있다. 아이도 나름대로 최선을 다하며 생활하고 있는지도 모른다. 육아를 하다보면, 나뿐만 아니라 주위의 누군가가 곁에서 많은 도움을 주고 있고, 심지어 육아의 대상인 아이까지도 가족의 일원으로 열심히 살아가고 있다는 것을 알게 된다.

육아, 행복하다

'이 또한 지나가리라.' 힘든 시기를 겪고 있는 사람들이 마음속에 새기는 말이다. 그런데 육아는 이상하다. 분명 힘들지만, 시간이 멈춰 오랫동안 아이들이 부모 품에 있기를 바라게 된다.

직장에서의 스트레스나 힘든 육아도 아이가 한번 웃어주면 금세 사라진다. 아이를 돌보며 힘들었을 할아버지, 할머니도 평소 웃을 일이 없는데, 아이들 때문에 웃는다고 말씀하신다. 다른 사람에게는 새침데기인 양 행동하는 아이들도 엄마·아빠 앞에서는 세상 가장 편한 모습을 보여준다. 아이들이 주는 행복감은 특별하다.

보금자리, 아등바등하다

신혼집 마련은 청년들의 결혼을 방해하는 요소이다. 또한 결혼 후, 아이라는 새로운 가족이 생기면, 오랫동안 머물 수 있는 평안한 보금자리에 대한 고민을 한다. 맞벌이하며 살아도 언제나 제자리걸음을 하고 있는 모습을 발견하고, 더 나은 상황으로 나아가기 위해 발버둥치기도 한다.

육아, 그냥 또 그렇게 해 나가다

우리 사회는 엄마·아빠에게 교육자, 요리사, 지식인 등 많은 역할을 요구한다. 그래서 육아가 어렵다고 느껴지는 듯하다.

하지만, 아이는 부모가 곁에 있어 주는 것만으로도 행복해한다. 아이는 그들이 가진 무한한 능력을 보여주며 하루하루 성장해 나간다. 한없이 연약한 존재라고 생각했던 아이들이 어느 순간 옆에서 함께 걷고 있다. 그때는 아이가 너무 빨리 자란 거 같아 슬픈 감정이 밀려온다. 그렇게, 힘들었던 순간들은 잊어버리고 다시 한번 아이와 함께 한 걸음 나아간다.

이 책은 두 아이의 아빠가 육아하며 경험하고 고민했던 이야기를 담고 있다. 평범한 듯, 다른 길을 걸었던 나의 이야기가 누군가에게 조금이나마 도움이 되었으며 하는 작은 바람이 있다. 길 위에서 우연히 만난 누군가의 이야기와 글이 나에게 큰 힘이 되었던 것처럼.

Contents

육아 | 새로운 세상이 열리다

여행 | 아이와 함께 떠나다

회상 | 돌아보고, 나아가다

못다 한 이야기 | 보금자리

어느 날
아이가 품에 들어오면서부터
조금은 특별했던
행복한 여정이 시작되었다

.
.

육아
새로운 세상이 열리다

1장

꿈을 낳다

임신, 태교 그리고 출산

결혼 2년 차, 소중한 생명이 찾아왔다. 임신 초기에는 가족들에게만 알리고 조심히 지내다 임신 4개월 전후부터 주변 지인들에게도 임신 소식을 알렸고, 많은 분의 축하를 받았다.

"축하해. 이제 아기도 생겼으니 책임감에 어깨가 무겁겠는걸."
"이제 돈 들어갈 데 많다. 열심히 돈 벌어야겠네."

자연스럽게 책임감이라는 무게에 대해 생각하게 되었다. 경제적으로 여유로웠던 것도 아니었지만, 청개구리처럼 의식적으로 책임감이라는 부담을 갖지 않으려고 했다. 결혼으로 새로운 가정을 이루고 아기를 새 가족으로 맞이하면서 생기는 행복의 크기가 책임감으로 인해 줄어드는 게 아닌가 생각했던 거 같다. 책임감이 힘든 순간을 이겨내는 원동력으로 작용할 수도 있지만, 혹시나 지치게 되면 가장 소중한 가족이 짐이 되어버리지 않을까 걱정했던 거 같기도 하다. 책임감을 가진다고 갑자기 변할 것도 없었다. 그냥 지금까지 해 왔던 그대로 하면 될 거 같았다. 아내에게도 가정을 꾸렸기 때문에, 부모가 되었다는 상황 때문에 부담 갖지 말았으면 한다고 이야기했다. 무책임과 책임감을 살짝 내려놓는 건 다른 거 같다.

육아의 시작은 태교라고 하지만 뭔가 대단하게 한 건 없었다. 평상시처럼 먹고 싶은 거 먹고, 재미있게 놀면 그대로 아이에게 좋은 기운이 전해질 거라고 생각했다. 그래도 남들이 하는 건 해 보자는 생각으로, 괌으로 태교 여행을 떠났다. 원주민 가족들이 바닷가에서 음악을 틀어놓고 이야기하며 즐기는 모습이 좋아 보였다.

출산은 생각보다 수월하지 않았다. 출산예정일이 되었지만 배 속 태아는 바깥세상이 힘들다는 걸 알아서인지, 엄마 배 속이 좋은지 나올 생각을 하지 않았다. 의사 선생님은 아기가 더 커지면 출산 때 힘들고, 위험할 수 있으니 우선 출산 날짜를 잡자고 하셨다. 그리고 그때까지 산책이나 오르막길 걷기 등을 꾸준히 하라고 하셨다. 초겨울이라 두꺼운 옷에 혼자가 아닌 두 명의 무게로 언덕길을 올라가는 아내를 보며 대견하기도 하고, 안쓰럽기도 했다. 난 그저 오르고, 또 오르는 아내를 뒤따라갈 뿐이었다.

그렇게 노력했지만, 아기는 여전히 나올 생각을 하지 않았고, 유도분만 날짜에 병원에 입원했다. 분만실 앞 간이 병실에서 의사 선생님이 계속 왔다 갔다 하면서 아내의 상황을 체크하셨다. 아내는 진통으로 힘들어했지만, 의사 선생님은 조금만 더 참아보면서 기다리자고 했다. 그렇게 시간이 흐른 뒤, 견디기 힘들어하던 아내가 제왕절개 수술을 원했다.

제왕절개 수술에 동의한다는 서류에 싸인을 하려던 순간 아기가 나오려고 한다는 의사 선생님의 외침과 함께 아내는 분만실로 옮겨졌다. 나는 분만실 안 화장실에서 아내의 힘들어하는 소리를 들으며, 아기가 빨리 나오기를, 그리고 아내와 아기 모두 건강하기를 기도하며 기다렸다. 출산 과정에서 아빠인 내가 할 수 있었던 건 단지 아내와 아기가 그 힘듦을 이겨내기를 바라는 것밖에 없었다. 치열한 전쟁 속에서 순간 적막이 흘렀다.

"아버님 나오세요."라는 소리에 밖으로 나갔더니 지친 아내 옆에 핏덩어리 아기가 있었다. 드라마나 영화에서 보던 환호와 감동은 솔직히 없었다. 아기를 세상 속으로 내보내려고 했던 아내의 고통과 세상 밖으로 나오려고 애쓴 아이의 처절함이 그 공간을 에워싸고 있었다. 그렇게 잠시 가족 간 첫만남을 가진 뒤 아내는 병원 입원실로, 아기는 신생아실로 가면서 첫 이별도 맞이했다.

지금,
육아의
이유

오늘도 걷는다

출산예정일이 되었는데도
아기는 세상에 나올 생각을 하지 않는다.
순산을 위해 오늘도 아내는 걷는다.

지금,
육아의
이유

태교 여행

임신 28주차
괌으로 태교 여행을 떠났다.
아름다운 풍경도 좋았지만
그곳 원주민의 삶이
행복해 보여 더 좋았다.

산후조리원 생활

아내는 퇴원 후 병원 부설 산후조리원에 들어갔다.

'아내의 산후조리원 기간'은 '남편의 휴가'라고 친구와 직
장동료들에게 들었었다. 아내만큼은 아니지만, 함께 고생
한 남편도 그동안 보지 못했던 친구들을 만나고, 육아를 열
심히 하기 위한 에너지를 축적하는 시간이라는 것이었다.
하지만, 산후조리원에서 함께 지내기를 원한 아내의 바람
으로 조금은 기대했던 '혼자만의 휴가' 대신 산후조리원 생
활이라는 특별한 경험을 하게 되었다.

산후조리원 생활은 생각보다 만족스러웠다.

산후조리원 내 식당에서 준비된 아침 식사를 하고 출근했
다. 식사는 무염 또는 저염이라 싱겁게 느껴졌지만, 몸이

건강해지는 느낌이 들어 괜히 좋았다. 퇴근 후 산후조리원에 도착하면 식사 시간이 끝난 뒤라 근처 식당에서 혼자 저녁을 해결해야 했지만, 산후조리원에서 아무것도 안 하고 편안히 TV를 보는 재미가 쏠쏠해서 그저 좋았다. 아내도 차려주는 식사와 간식을 먹고, 마사지, 요가 등의 프로그램을 이용할 수 있는 산후조리원 생활이 편해 보였다.

다만, 산후조리원에서 생활하던 두세 명의 남자들(누군가의 남편들)이 자취를 감춘 뒤, 괜히 남자 혼자 산후조리원에 남아 있는 거 같아 눈치 보며 남은 시간을 보냈다.

배 속의 아기와 10개월 가까이 함께 생활하고, 출산의 고통을 견딘 아내의 회복을 위해서는 짧은 3주간의 기간이지만, 지금까지 경험하지 못한 편안함이 산후조리원에 있었다.

2장

헌실에 직면하다

잠과의 전쟁! 삶의 패턴 변화

 산후조리원 생활이 끝나고 아이와 함께 집으로 돌아온 후의 생활은 그 전과 확연히 달라졌다.

 신혼 때 누렸던 소소한 문화생활은 사라지고, 모든 생활 패턴이 아이에게 맞춰졌다. 특히, 밤에 두 시간마다 깨는 아이와의 심야 전쟁은 산후조리원 생활을 그립게 했다. 아이의 "앙!!!!!" 하는 울음소리에 반사적으로 일어나 아기를 안고 거실로 나온다. 그리고 아내가 유축해 놓은 냉동 모유를 꺼내 해동시킨다. 모유가 해동되는 동안 아기를 안고 울음을 그치길 바라며 온갖 애교를 부리지만, 답이 없다. 잠에서 깬 아내도 이 전쟁에 참여한다. 고요함 속, 작은 전쟁을 치르는 사이 해동 완료를 알리는 소리가 들린다. 젖병 꼭지를 입에 물리고 나서야 아기는 울음을 그친다. 그렇게 두세 번의 심야 전쟁을 치르다 보면 어느새 출근 시간이다.

어느 날 직장에서 피곤해하는 나를 보고 동료 형이 말을 건넨다.

"많이 힘들지? 우리도 그랬는데, 보통 예민한 아기들이 밤중에 자주 깨. 그래도 100일 정도 지나면 괜찮아질 거야."

형의 말을 되새기며 하루하루 부족한 잠을 이겨냈다. 그렇게 100여 일쯤 지나니 거짓말같이 아이는 통잠을 자기 시작했다. 그렇게 우리에게도 100일의 기적이 다가왔다.

직장에서 보내는 시간도 확연히 줄어들었다. 항상 출근 시간보다 30~40분 일찍 도착해서 여유 있게 업무 준비를 했었는데, 육아 이후, 9시에 딱 맞춰 회사에 도착했고, 아주 부득이한 상황이 아니라면, 야근은 하지 않으려고 했다. 또한 이른 아침 아이가 아프면 반차를 내고 병원에 가야 했다. 눈치가 보였지만, 그냥 뻔뻔한 가장이 되기로 했다.

어느 날, 대화가 줄어든 거 같다며 아내가 서운해했다. 퇴근 후 아이가 잠들 때까지 치르는 육아 전쟁 중에서도 직장 생활과 육아 등에 대해 이야기를 나누고 있다고 생각했는데, 아내는 그게 아니었던 모양이었다. 이후 아내와의 대화

지금,
육아하는
이유

를 늘리려고 노력했지만, 정신없는 육아 전쟁 속에서 아내
의 말은 어느 순간 잊혀 갔다.

산 책

회사 점심시간
산책을 하며 혼자만의 시간을 즐겼다.
이 순간만이 오로지 나를 위한 시간이었다.

소 아 과

아침부터 병원은 북새통이다.
아이도 부모도 힘들다.

육아 도움 요청과 마음의 짐

아내의 출산휴가가 끝나 가면서 아이를 맡겨야 하는 현실적인 숙제가 다가왔다. 다행히 장모님께서 매일 아침 집으로 와 주시기로 했다. 직장이 먼 아내가 먼저 출근하고, 나는 장모님이 오시면 아이를 맡기고 출근했다. 나의 퇴근 후에 장모님도 육아 퇴근을 했다.

장모님이 계셔서 맞벌이 생활을 하며 조금은 안정적으로 생활할 수 있었다.

주위의 반응은 비슷했다.

"장모님이 와 주시니까 다행이네. 좋겠다."

다행인 건 맞는데, 좋은 건 아니었다. 육체적으로 힘들 연세에 자녀들의 요청으로 어쩔 수 없이 아침, 저녁으로 육아

출퇴근을 해야 하는 상황을 만들어드려 죄송했다. 하루 일 과 중 가장 중요한 임무는 장모님을 빨리 퇴근시켜 드리는 것이 되었다.

아이를 낳으면 부모님으로부터 받은 사랑을 자식에게 잘 전달해야겠다는 생각은 해 왔지만, 어떻게 키우느냐에 대 한 고민은 하지 못했던 거 같다. 이때부터 육아휴직과 아빠 육아에 대해 계속 생각하고 고민했다.

할머니, 같이 가요

맞벌이하는 딸과 사위 때문에
피곤한 몸을 이끌고, 아침마다 와 주신 장모님.
어느새 훌쩍 큰 아이가 할머니를 따라간다.

이웃의 따뜻한 눈길

신혼집은 30년이 다 되어가는 저층 아파트였다.

신혼부부나 어린 자녀를 둔 부부, 어르신들이 많이 살고 있었다. 윗집에도 우리 아이보다 5개월 일찍 태어난 아이를 둔 부부가 살았는데, 밤에 아이가 울 때 우리가 시끄럽게 느끼지 않을까 걱정했다고 했다. 하지만 우리는 '녀석 아직도 안 자네, 엄마·아빠 힘들겠네'라고 생각했다. 오히려 우리 아이가 새벽에 깨서 울 때 혹시나 윗집 아기도 덩달아 깨지 않을까 조심했다. 그렇게 서로 배려하며 지내다, 그냥 아이 우는 소리, 뛰어노는 소리는 이해하고 편하게 지내기로 했다. 함께 아이를 키우는 이웃이 있어 그나마 편한 마음으로 생활할 수 있었다.

옆집에 사셨던 어르신께 "아이가 밤늦게 울어서 주무시는데, 죄송하다"고 이야기하면, "별걸 다 미안해한다. 아기가 우는 게 당연하지. 애 키우기 힘들지?"라며 오히려 우리를 걱정해 주셨다. 동네 어르신들도 아이가 자라 단지 내를 걷는 모습을 보면 많이 예뻐해 주셨고, 아이도 어르신들을 곧잘 따랐다. 가끔 어르신 집에 놀러 가서 곶감을 얻어오기도 했다.

감사한 마음에 명절 때 이웃분들에게 조그만 선물을 전하면, "뭐 이런 걸 주냐"고 하시며 반찬을 건네주시는 분들 때문에 이웃의 소중함을 새삼 느끼기도 했다. 이 또한 아이가 엄마·아빠에게 가져다준 행복이 아닐까 싶었다. 아이가 없었다면, 이웃의 소중함을 모른 채 살아갔을지도 모른다.

잠시, 끄적끄적

아이를 키울 때 집보다 중요한 건 아이를 바라보는 이웃들의 시선이다.

아이가 크게 노래를 불러도 예뻐해 주시는 옆집 할머니, 아이가 단지에서 놀고 있으면 가던 차를 잠시 멈추고 예쁘다고 이야기해 주시는 이웃집 택시 아저씨, 아이가 과자를 사러 가면 애들이 왔다며 좋아해 주시는 슈퍼 사장님 등 주변 이웃분들이 함께 아이를 키워주신 것이다.

만약 아이의 노래가 시끄럽다고, 다른 데 가서 놀라고, 살 물건만 만지라고 말씀하셨다면, 엄마·아빠는 같은 공간 속에서 미안한 마음으로 생활했을 것이다.

챗바퀴 도는 육아 일상

아침에 일어나 씻고, 이것저것 챙기다 보면, 그 소리에 잠이 깬 아이가 눈을 비비며 방에서 나온다. 아내도 씻고 출근 준비를 한다. 간단히 집안 정리를 하고 있으면 장모님이 피곤한 몸을 이끌고 오신다. 장모님과 짧게나마 이런저런 이야기를 나누다 회사로 향한다. 종종 헤어지기 싫어하는 아이가 현관에서 울면, 달래다 출발하기도 한다. 회사에는 9시에 간당간당 맞춰 도착한다.

저녁 6시가 되면 회사를 나와 재빨리 집으로 향한다. 도착하면 아이가 격하게 반겨준다. 에너지 넘치게 놀았을 아이의 활동에 장모님은 피곤하신 기색이 역력하다. 가끔 눈치 없이 식사하고 가시라고 하면, 손사래 치시며 가시는 모습에 평소 죄송한 마음 위에 한 겹의 죄송함이 더 쌓이기도 한다. 그래도 요즘 웃을 일이 없는데, 애들 때문에 웃는다는 장모님의 말씀이 고마우면서도, 언제까지 이렇게 지낼 수는 없을 거라고 생각한다.

　아이 먹을 생선을 굽고 있으면, 아내가 집으로 들어온다. 아내가 뚝딱 끓인 국과 함께 간단히 저녁을 먹는다. 아이 밥 먹이는 데 정신을 쏟다 보면, 밥을 먹는다기 보다 입에 넣는다는 표현이 더 어울리는 듯하다.

　밥그릇은 어느새 비어가고, 배는 부른 거 같다. 아이와 정신없는 시간을 보내고 아이를 재우기 위해 침대에 눕는다. 아직 잠들고 싶어 하지 않는 아이지만, 책을 읽어 주거나 이야기를 하다 보면, 피곤했는지 어느새 잠이 든다.

　가끔 다 함께 잠들어 버리기도 하지만, 머릿속에 '지금이야. 놀아야 돼'가 내재되어 있는지, 중간에 한 번 잠에서 깬다. 거실로 나오면 마주하는 건 어지럽혀진 흔적들이다. 피곤한 몸을 이리저리 움직이며, 치우듯 말 듯 하면서 소파에 기대앉는다. 소소한 나만의 시간을 보내다 아내와 아이가 잠들어 있는 침대 빈 공간을 찾아 잠을 청한다.

육 아 가 힘 든 건

육아는 내가 아닌 가족의 일원으로 살아가는 과정이다.

첫 육아가 힘든 건 육아 자체가 힘든 것도 있지만,
나를 내려놓는 게 어려워서일지도 모르겠다.

아 이 와 함 께

아이는 카시트와 유모차에 눕혀져
어디에 가는지도 모른 채,
엄마·아빠를 따라다닌다.

지금,
좋아하는
이유

3장

첫 번째 육아휴직

일과 육아 사이

아이 키우는 고민에 대해 친구들과 이야기하던 중 한 친구가 이런 말을 한 적이 있다.

> "아이가 어렸을 때 같이 놀아주는 건 기억 못할 수 있어. 하지만 아이가 커서 학원에 보내달라고 했을 때 경제적 사정이 어려워 못 보내주면 어떨까? 어렸을 때 같이 놀아주는 것도 당연히 좋지만, 우리가 조금이라도 젊었을 때 야근도 하고 직장생활 열심히 하면서 돈을 모아 나중에 어려움 없이 아이를 지원해 주는 편이 낫지 않을까."

어린 자녀와 함께 놀아줄 수 있는 삶을 선택하던지, 연봉을 조금 더 받을 수 있는 길을 선택하던지, 세상의 엄마·아빠는 궁극적으로는 아이의 행복을 바란다. 이직한 형들로부터 당신들의 직장으로 이직해 볼 생각이 없냐는 이야기를 가끔 듣곤 했다. 연봉도 현재 직장보다 괜찮았지만, 이 직을 한다면 아이와 함께 할 수 있는 시간은 줄어들 게 뻔했다. 연봉은 낮지만, 육아하는 데 조금 더 배려받을 수 있는 직장을 그만둘 수 없었다.

직장생활과 육아 모두 완벽하게 잘해낼 수는 없다. 그저 각 가정이 놓인 현실적인 상황과 부모의 가치관에 따라 추의 무게가 한쪽으로 기운 채 앞으로 나아간다. 나는 아이와 함께 할 수 있는 시간이 중요했다. 인생에서 아이와 추억을 만들 수 있는 시간은 그리 길지 않다. 아이의 어린 시절을 함께 보내고 싶었다.

잠시, 끄적끄적

한번은 시끄럽게 장난치는 아이들을 조용히 시키는 우리를 보고, 마트에서 일하시는 아주머니가 말씀하신다.

"힘들겠지만, 지금이 가장 행복할 때야. 우리 애들은 다 커서 대학생인데, 지금은 언제 집에 들어왔는지, 언제 나갔는지도 몰라. 가끔 애들 데리고 오는 부모들 보면 그때가 그리워."

아이가 친구와 노는 게 좋다는 시절이 오면 그때부터는 아빠가 놀자고 해도 아이가 옆에 없을지도 모른다. 그래서 철없고, 이기적인 가장일지 모르지만, 아이와 함께할 수 있는 이 순간을 놓치고 싶지 않다.

멈추고 싶을 때

인생에서 한번쯤 멈추고 싶을 때,
조금은 내려놓고 걸어가도 좋지 않을까

부모 손길이 가장 필요한 지금
그 시간을 자식들에게 내어주는 것도 의미 있지 않을까

하지만 세상은 지금이 가장 열심히 일할 때라고 말한다.

육아휴직서 제출

육아휴직 선택은 힘든 결정은 아니었다. 시기가 문제였는데, 둘째 아이를 임신하고 출산예정일이 정해지면서, 첫째 아이와 추억을 쌓을 수 있고, 둘째 아이를 어느 정도 키울 수 있는, 둘째 출산예정일 3개월 전부터 1년간 육아휴직을 신청했다. 첫째 아이가 18개월쯤 되던 때였다. 육아휴직서를 제출하고 난 후 주위 반응은 다양했다.

"철이 없다."
"모아둔 돈은 있어?"
"쉬면서 자유로운 시간 좀 가질 수 있겠네."
"육아휴직 결정이 쉽지는 않았을 텐데……."

육아 선배들은 아이가 커갈수록 돈이 많이 든다는 경험담을 이야기하면서 둘째까지 태어날 예정인데, 육아휴직을 선택한 나의 결정을 걱정했다. 한편으론 육아'휴직'으로 회사를 벗어나 자유로운 시간을 가질 수 있을 거라는 생각에 조금은 부러워하는 분들도 있었다.

경제적 여유가 있었던 것도 아니었는데, 둘째 아이까지 태어나는 상황에서의 육아휴직은 사회적 기준으로 봤을 때 철이 없는 게 맞았다. 분명 경제적인 부분은 가정을 이끌고 나갈 때 가장 중요한 요소 중 하나라고 생각한다. 다만, 가장으로 경제적인 책임을 지는 것도 중요하지만, 가족 구성원으로 육아에 좀 더 적극적으로 참여하는 방법의 하나로 육아휴직을 하는 것 또한 필요하다고 생각했다. 사회의 변화에 따라 그 나이에 맞는 행동도, 그 행동을 바라보는 시각도 변할 수 있다. 특히, 아이들과 함께 보내는 시기는 지나가면 다시 돌아오지 않지만, 경제적인 부분은 나중에라도 다시 해 나갈 수 있는 부분이라고 생각했다.

철이 없다

철이 없다는 게 뭘까

나이에 맞지 않는 행동을 하는 것?
사리 판단하는 분별력이 부족한 것?
세상 물정을 모르는 것?

단지 현재 사회의 기준에 조금 맞지 않는 것이지 않을까?

아이를 이해하는 시간

　육아휴직으로 좋았던 건 일상생활 속에서 아이와 추억을 쌓고, 아이의 새로운 모습을 발견한 것이다.

　아이와 함께 산책을 나갔다. 따스한 봄 풍경을 즐기며 아이와 함께 걷고 있다고 생각했는데, 어느 순간 조금 뒤처져 걸어오는 아이를 발견했다. 가만히 바라보니 아이는 중간중간 멈춰서서 흙도 만져보고, 길가의 풀들도 처다보곤 했다. 세상을 탐구하는 듯 보였다. 그동안 살면서 잊혀졌던 길가의 풀과 흙, 그 속에 살고 있는 작은 곤충들이 아이에게는 무한한 호기심의 대상이었다. 이미 세상의 많은 것에 익숙해져 버린 어른들이 바라보는 세상과는 다른 '아이의 세상'이 있었다. 어른들은 어느새 '더 빨리', '결과'라는 것들에 익숙해졌는데, 아이들에게는 그냥 보고, 느끼고, 생각하는 과정이 그저 재미있고 중요한 거 같았다.

아이와 함께 있는 시간이 늘어나면서 아이의 행동 하나하나에 그동안 느끼지 못했던 묘한 감정들이 쏟아져 나왔다. 퇴근 후나 주말에 대부분의 시간을 아이와 함께 보내며 아이에 대해 많이 안다고 생각했는데, 아니었다.

아이는 뛰어노는 것뿐만 아니라 사색하는 것도 좋아했다. 주말 이른 아침 동네 하천길을 걷다 힘들다며 벤치에 앉아 조용히 풍경을 감상했다. 나도 아이 옆에서 반복되는 일상을 되돌아본다. 그렇게 일상에서 아이와 추억을 쌓고, 아이의 새로운 모습을 발견한다. 아주 평범한 삶을 아이와 공유하면서, 서로에게 익숙해져 갔다.

육아 생활도 규칙적으로 변했다. 오전에는 산책을 하거나 도서관을 다녀왔다. 점심을 먹고 나면 아이는 피곤했는지 어느새 잠이 들었다. 아이가 잠든 사이 미역국이나 생선구이 등 간단한 저녁거리를 만든다. 아이가 잠에서 깨면 근처 운동장에 가서 같이 축구를 하고, 아내 퇴근 시간에 맞춰 마중을 나갔다. 저녁을 먹고 세 식구가 놀다 보면 아이는 피곤했는지 꿀잠이 들었다.

아 이 의 속 도

아이와 함께 보내는 시간의 양만큼이나,
아이의 시간 속도에 맞춰 함께 하는 것이
무엇보다 중요하다는 것을 느낀다.

생각 없이 아이에게 툭 던지는
'빨리 가자', '거기 가면 더 좋아'라는 말들이
아이들에게 호기심의 시간을 뺏는 행동이지 않았을까.

아이는 무한한 가능성을 지녔다고 이야기하면서도,
그들에게 생각할 시간을 주지 않고
세상의 규칙에 빨리 적응하기만을 바란 건 아닌지.

아이가 커갈수록 잊고 살아간다.

지금,
죽어야 할
이유

아이를 알아간다는 건 나 자신을 돌아보는 것이다.

어린이집 등원 시기 고민

즐겁기만 했던 일상이었지만, 첫째 아이를 어린이집에 보내는 시기를 결정해야 했다.

둘째 아이의 출산이 예정되어 있었고, 당시에는 혼자서 두 아이를 감당할 수 있을까?라는 걱정이 앞섰다. 그렇다고 두 돌도 안 지난 아이를 어린이집에 보내는 것이 너무 이른 것이 아닌지 고민이 되기도 했다. 사실 태어난 지 백일이 지난 아이를 어린이집에 보내는 경우들도 주변에 있었고, 또한 큰 문제 없이 잘 지낸다는 것도 알고 있긴 했다.

생각이 많던 중, 도서관에서 목격한 장면은 고민에서 조금은 벗어날 수 있게 해 주었다. 아이와 책을 보고 있었는데, 인근 어린이집 아이들이 들어왔다. 첫째 아이가 보던 책을 뒤로 하고 옹기종기 모여 책을 보고 있는 아이들을 호기심 가득 찬 눈빛으로 계속 쳐다보는 것이었다. 어느 정도 시간이 흐른 뒤 선생님 손에 이끌려 돌아가는 어린이집 아이들의 뒷모습을 아이가 한동안 덩그러니 바라보며 서 있었다. 생각했다.

'어린이집에 보내도 될 거 같은데….'

둘째 아이의 탄생

둘째 아이가 태어났다. 또 한 번의 산후조리원 생활 후 집으로 향할 때 드는 생각은 단 하나뿐이었다.

'당분간 잠은 다 잤다'

하지만, 둘째 아이는 반전 매력이 있는 녀석이었다.

밤에 한 번 잠이 들면 아침에 깨어났다. 다만 늦게까지 엄마·아빠와 함께 했다. 첫째 아이(21개월 전후)는 처음 경험하는 사회생활(어린이집 생활)에 피곤해서인지 밤 9시쯤 불을 끄면 금세 잠이 들었지만, 둘째 아이는 잠드는 것을 거부하며 힘찬 울음소리를 내며 누나를 깨울 기세다. 첫째 아이가 잠에서 깰까 봐 신속히 둘째 아이를 데리고 거실로 나온다. 그렇게 둘째 아이는 엄마·아빠의 자유시간을 공유하다 밤 11시쯤 잠이 들었다. 그리고 아침에 엄마·아빠가 잠에서 깰

때 함께 일어났다.

"녀석, 엄마 배 속에 있을 때 누나를 재우고 자유시간을 갖는 엄마·아빠의 패턴을 읽었구나"라고 아내와 이야기하며 웃었다. 하지만, 어쩌면 누나가 어린이집에서 돌아오면, 침대에 누워 엄마·아빠가 누나 돌보는 일상을 소리로만 상상하면서 누나가 잠들기만을 바라고 있었는지 모른다. 누나가 잠든 시간에 엄마·아빠랑 함께 있고 싶어서.

첫째 아이(21개월 전후)는 둘째 아이가 집으로 돌아오던 때부터 어린이집에 다니기 시작했다. 처음 일주일은 출산휴가 중이었던 아내가 함께 어린이집에 다니며 아이가 잘 적응하는지 지켜보았다. 이후 엄마, 아빠, 동생이 집 앞에서 첫째 아이의 어린이집 등원을 배웅했다. 가족 중 사회생활을 하는 사람이 첫째 아이 한 명뿐이라는 상황이 웃겼다.

어린이집에 다닌 지 2~3개월 정도 지난 시점부터 아이의 말이 확 늘기 시작했다. 엄마·아빠는 아이가 사회생활을 시작하더니, 그 속에서 살아남기 위해 말문이 트였나 생각하며 좋아했다.

어느새 출산휴가가 끝난 아내도 회사에 복귀했다. 첫째 아이가 어린이집에 가고 둘째 아이와 함께 있는 시간은 크게 힘들지 않았다. 둘째 아이가 잠에서 깨면 분유(모유 해동)를 주고, 책을 읽어 주면 됐기 때문이다. 아이가 잠이 들면, 덩그러니 앉아 쉬거나 저녁거리를 만들었다. 조금씩 반복되는 생활이 익숙해졌지만 둘째 아이가 아직 어려 바깥에 나가지 못해 답답했다. 멍하니 앉아 '지금 뭘 하고 있는 걸까'라고 생각하는 시간도 늘어났다.

문화생활 하는 둘째 아이

태어난 지 7개월
시에서 운영하는 육아지원센터에서
또래 아이들과 놀이 수업에 참여하고 있다.

지금,
육아하는
이유

4장

회사 복직과
이런저런 생각

회사 복직과 새로운 삶에 대한 고민

1년간의 '꿈' 같았던 시간이 끝나고 회사에 복귀했다.

업무 적응은 그다지 힘들지 않았다. 하지만 이게 끝이 아닌 걸 알고 있었다.

초등학생을 둔 친구나 직장동료를 보면, 학교행사 때문에 회사에 무슨 말을 하고 빠져나가야 하나 고민하는 분들이 꽤 있었다. 특히 아이들 방학 시즌에는 대책 세우기 바빠 보였다. 이미 이 고민을 겪은 주변 분들은 돌봄교실, 방과 후 학교를 활용하거나, 학원에 보내면 되고, 아이들도 금세 적응하며 잘 지낸다고 했다.

아이를 키우고 있는 지인들과 가끔 육아에 대해 이야기하다 전업육아 계획을 살짝 내비치면 당황하며 말한다.

"보통 여성, 아내가 고민할 일을 네가 하는구나."

"네가 왜?"

아빠의 육아 참여가 예전보다 늘어났지만, 주 양육자는 여성이라는 인식이 여전히 강하다.

장모님의 육아 출퇴근도 다시 시작되었다.
몇 달 뒤 첫째 아이는 유치원에, 둘째 아이는 어린이집에 다니기 시작했다.

잠시, 끄적끄적

어느 날 회사 회의가 이른 아침에 잡혀 있어서 장모님이 도착하시자마자 집을 나서는데 아이가 소리친다.

"오늘은 장모님하고 얘기 안 하고 가?"

복직 후에도 중간중간 조퇴나 휴가를 써야 할 때가 있다.
어느 날, 조퇴하고 회사를 나서려는데, 다른 부서 상사가 지나가며, 한 마디 툭 던진다.

"또 어디 가? 아이 보러 가는 거야?"

그냥 당당히 한마디 던지고 빨리 발걸음을 옮긴다.

"네. 어쩔 수 없습니다. 내일 뵙겠습니다."

눈치 보이지만, 그저 근무시간에 최선을 다하며 이 상황을 견뎌야 했다.

문득 생각나다

어느 날, 퇴근길 주차장에서 '어머니 혼자서 지금 뭘 하고 계실까'라는 생각이 문득 들었다.

평소 잘 전화를 안 하는 나는 이럴 때라도 한번 해 보자는 생각으로 전화를 건다. 수화기 너머로 들려오는 첫 말은 아이들 이름이다. 아이들과 함께 있다고 생각하신 모양이다. 퇴근 중이라고 말하면, 조금은 높았던 톤이 다시 낮아진다. 이제는 자식보다 손녀와 손자 모습에 삶의 즐거움을 느끼신다.

"둘 다 직장생활하면서 집에서 밥은 잘 챙겨 먹고 다니냐, 요즘은 반찬가게도 많으니까 조금씩 사서 먹는 것도 괜찮더라. 근처에 살면, 아이들 학교 갔다 오면 맡겨도 되고, 퇴근해서 밥 먹으러 오면 좋을 텐데."

항상 그렇듯 대화의 대부분은 당신의 안부보다 자식 걱정이다. 전화를 끊으며 마음은 어머니에게 달려가고 있지만, 몸은 다시 아내와 아이들이 있는 집으로 향한다.

어머니 품을 떠난 지 20년이 넘었다. 함께 살아온 날보다 떨어져서 지낸 날이 더 많다.

그땐 부모의 품을 떠나 독립해서 산다는 게 어떤 건지 몰랐다. 아이들도 언젠가 아빠 품을 떠날 날이 올 거라고 생각하니 슬프다.

어머니와 아이

재택근무

일상이 반복되던 어느 날, 코로나19가 온 세상을 덮쳤다. 아직 두 돌도 안 지난 둘째 아이도 외출할 때 가장 먼저 마스크를 찾았다. 아이들이 마스크를 써야 하는 상황이 안타깝고, 혹시나 감염될까 걱정되었다. 부모 입장에서는 어린이집과 유치원에서 코로나19 감염자가 발생하면, 아이들 걱정과 동시에 아이들이 등원하지 못해 어떻게 해야 하나 대책을 세우기에 급급했다.

감염자 수가 기하급수적으로 증가하자 재택근무제가 도입되었다. 나는 일주일에 두 번, 아내는 한번 재택근무를 할 수 있었다. 가장 먼저 생각난 건 장모님의 육아 출근이었다. 일주일에 두 번 정도만 와 주시면 된다는 생각에, 조금이나마 쉴 수 있는 시간을 드린 것 같아 좋았다.

재택근무 때도 업무 때문에 두 아이를 어린이집과 유치원에 보냈다. 첫째 아이의 유치원은 아파트 단지 바로 앞에 자리 잡고 있었고, 둘째 아이의 어린이집은 조금 거리가 있었지만, 집 앞에 차량이 와 주어서 어려움 없이 아이들을 등원시킬 수 있었다.

아이들이 하원 후에 아빠가 업무를 하고 있으면, 신기하게도 방해하지 않고 일이 끝날 때까지 자기들끼리 놀면서 기다려 주었다.

아이들도 아빠의 재택근무가 좋은지, 언제 또 재택근무냐고 물어보기도 했다. 그렇게 코로나19는 세상에 생각하지도 못한 아픔을 안겨 주었지만, 재택근무 도입으로 육아 숨통을 트어 주었다.

같 은 공 간 , 다 른 세 상

코로나19는
아이들이 세상과 가까워지는 길을 막았다.

지금,
육아하는
이유

아이의 탈모 증상

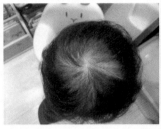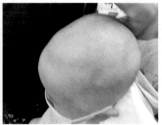

엄청 숱이 많게 태어난 둘째 아이.
어느 날 빛나는 빡빡이가 되다

둘째 아이가 태어난 지 2년쯤 되던 해, 원형 탈모의 조짐이 보였다. 주위에서는 스트레스를 받는 게 아닌지 걱정했다. 병원에서도 어린아이의 원형탈모는 매우 드문 일이라며, 약을 며칠분 지어 줄 테니, 경과를 지켜보며 치료해 보자고 했다.

'아이 탈모약은 순하게 제조되겠지만, 그래도 독한 거 아닐까?'

엄마·아빠는 걱정이 되었다.

그때, 삭발하면 괜찮아지지 않을까 생각했다. 삭발을 생각한 건 첫째 아이의 경험 때문이었다. 첫째 아이는 상대적으로 숱이 적었고 모발의 힘도 약했다. 그래서 어린이집에 들어가기 전에 두 번 삭발했는데, 그 뒤로 까맣고 굵은 머릿결을 자랑했다.

둘째 아이가 어린이집 생활을 하면서 친구에게 놀림 받을 것이 걱정된 아내는 반대했지만, 나와 장모님의 의지가 강해 며칠 뒤 아이의 머리는 빛나기 시작했다. 아이도 아무렇지 않은 듯 씩씩하게 어린이집에 다녔다.

지금은 누나만큼은 아니지만 어느 정도 성공했다.

5장

두 번째 육아휴직

또 한 번의 육아휴직

"예전에 말씀드렸던 육아휴직을 한 번 더 쓰려고 합니다."

복직 2년 6개월 만에 두 번째 육아휴직 이야기를 조심스럽게 꺼냈다.

사실 첫 번째 육아휴직 복귀 후 첫째 아이가 초등학교에 입학하는 시기에 다시 한번 육아휴직을 쓸 수 있을 거 같다고 말씀드렸다. 그 시기가 조금 빨라졌는데, 가장 큰 이유는 아내의 퇴사였다. 부부 중 한 명이라도 열심히 돈을 벌어야 하는 게 사회통념 상 당연히 맞지만, 불현듯 지금이 아니면 네 가족이 오로지 함께 많은 시간을 보낼 기회가 다시 오지 않을 것 같다는 생각이 들었다.

어느 날, 나의 육아휴직 소식을 들은 직장 선배가 물었다.

"또 육아휴직 쓴다며? 육아하는 게 편해? 안 힘들어? 걱정 안 돼?"

지금,
육아하는
이유

잠시, 끄적끄적

육아 관련 기사를 보다 보면, 많은 사람들의 댓글이 달리며, 직장생활과 육아 중 무엇이 힘든지 논쟁하기도 한다. 다양한 이야기 중 **남의 돈을 벌어오는 것이 쉽지 않다(직장생활이 힘들다)**와 **일은 익숙해지면 편해지는데, 육아는 도무지 익숙해지지 않는다(육아가 힘들다)**가 서로의 입장을 한번에 대변해 주는 거 같다.

잠시, 끄적끄적

어느 날 평일 오전에 머리를 깎으러 갔더니
여성 원장님께서 "오늘 휴가이신 모양이네요."라고 하신다.
그냥 "네~"라고 했으면 됐는데
"지금은 육아휴직하고 아이들 보고 있어요. 애들 유치원에 보내고 왔습니다."라고 대답했다.

원장님께서 말씀하신다.

"애들 유치원 보내고 나면 집에서 할 것 없죠?"

처음 이 말을 들었을 때, 조금은 의아했다. 남성의 육아나 가사 참여가 늘어나고 있지만, 여전히 통계적으로 여성이 많이 하는 것으로 나타나고 있다. 남성의 육아 참여가 적어 여성이 힘들다는 뉴스가 대부분이다. 그래서 여성은 당연히 집안일이 많다고 생각하고 있을 거라고 생각했다.

아니면, 남성이 육아에 동참하는 시간이 적으니 육아하는 아빠는 '그냥 애들 유치원에 보내고 아무것도 안 하고 있겠지' 생각했는지도 모르겠다.

육아를 바라보는 시각은 남성과 여성이 아닌 직장생활을 하는 사람과 집안일을 하는 사람 차이 혹은 개인의 경험도 많은 영향을 미칠 수 있겠다는 생각이 들었다.

꿈 같았던 15일간의 여행

　육아휴직 후 두 달 동안 네 가족은 한시도 떨어지지 않고
즐거운 추억을 쌓았다. 그중 가장 기억에 남는 건 15일간의
제주도 여행이다.

승선을 기다리는 자동차

비행기가 아닌 배로 제주도에 갔다. 색다른 경험이었다. 배 여행은 비행기보다
이동시간이 길지만, 아이들을 동반할 때, 배 안에서 자유롭게 행동할 수 있고,
광활한 바다를 감상할 수 있는 나름의 장점이 있다.

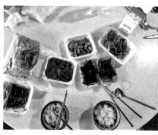

숙소와 식사

머물렀던 숙소에서 바라본 제주도 풍경.

맛집을 찾아다니기보다는 주로 시장에서 먹거리를 사서 숙소에서 해결했다.

잠깐의 멈춤에서 얻은 소중한 순간들

짧은 일정이었다면, 정해진 목적지를 다녀왔다는 데 만족했을지
모른다. 조금은 길었던 여행 일정으로, 생각지도 못했던
장소에 잠시 멈춰서서 추억을 만들 수 있었다.

걷다

만 5세(63개월)와 만 3세(42개월)의 아이들과 오름도 오르고,
둘레길을 걸으며 제주도의 자연을 만끽했다.

지금,
육아하는
이유

아내의 재취업

두 달간의 행복한 가족만의 시간을 보내고, 일상으로 복귀했다. 아이들은 같은 유치원에 함께 다니기 시작했다. 아이들이 유치원에 있는 동안 아내와 함께 운동도 하고, 카페를 다니며 지금까지 직장생활과 육아로 조금은 지쳐 있었던 심신을 달랬다.

그렇게 시간을 보내던 어느 날, 친한 형에게서 전화가 왔다.

"네가 예전에 관심 있어 했던 곳에 취업공고 났어. 지원해봐."
"형, 나 육아휴직 중이야. 내가 아이들 돌봐야 할 거 같아. 연락 줘서 고마워."

형과 통화를 마치고, 옆에 있던 아내에게 이 이야기를 전달해야 하나 잠시 망설였다. 동종업계에 있던 아내가 이 이야기를 들으면 바로 취업 준비를 할 거 같았다. 이 좋은 기회를 숨기는 것도 이상했기에 아내에게 말해 주었다. 예상했던 대로 아내는 취업 준비에 돌입했다.

아내는 아이들이 등원하면 취업을 준비하며 시간을 보냈다. 그렇게 같은 공간에 있으면서 서로 다른 삶을 지내던 두세 달이 지나가고, 아내는 재취업에 성공했다. 대단한 사람이다. 바늘구멍 찾기만큼 어렵다는 취업전선을 잘 뚫고 나아간다. 아내의 취업을 축하하면서도 조금은 아쉬웠다. 1년간은 함께 지내며 다시는 돌아오지 않을 추억을 만들고 싶었던 꿈이 사라졌다. 특히 아이들의 유치원 방학 때 다시 한번 장기간의 여행을 꿈꿨는데, 그러지 못할 거 같아 아쉬웠다. 하지만 상대적으로 현실적이었던 아내가 경제적인 상황을 고려해 취업해야 했던 이 상황에 미안한 생각이 들기도 했다.

요 가

아내와 함께라서 할 수 있었던 요가.
수강생이 다 여성이라 혼자라면 시작하지 못했을 운동이다.
일주일에 두 번, 3개월의 짧은 기간이었지만,
잊지 못할 색다른 경험으로 남아 있다.

유치원 생활

두 아이는 집 앞에 있는 일반 유치원이 아닌 차로 10분 거리에 있는 숲 유치원에 다녔다. 유치원 생활이 처음이었던 둘째 아이는 나름 적응을 잘했던 반면, 2년간을 일반 유치원에 다녔던 첫째 아이는 실내가 아닌 숲이라는 환경변화에 어려움을 겪으며 적응과 부적응을 주기적으로 반복했다 (첫째 아이는 일반 유치원에 다니다 이사로 숲 유치원에 다니기 시작했다).

유치원 가는 것을 좋아하던 둘째 아이도 있었기 때문에 중간중간 가기 싫어하던 첫째 아이만 안 보낼 수도 없었다. 둘째 아이도 덩달아 안 간다고 할 게 뻔했기 때문이다. 칭얼거리는 아이를 어떻게든 유치원에 보내고 집으로 돌아오면 1시간이 훌쩍 지나 있기도 했다.

그래도 아이들이 커가는 과정에서 이런 순간은 언제나 있다는 선생님 말씀처럼 아이는 언제 그랬냐는 듯이 다시 재밌게 다니기 시작했다.

산에서 신나게 뛰어다녔는지 아이들의 옷은 매일매일 흙으로 뒤덮여 있었다. 그리고 "도롱뇽 알을 만져보고, 숲속 캠핑장과 나무 자동차를 만들어서 놀고, 쑥을 캐서 쑥버무리를 만들었다." 등 숲에서 놀았던 이야기를 신나게 해 주었다.

어느 주말에 산책을 하던 중 아이가 말한다.

"아빠, 저거 섬서구 메뚜기야!"
"뭐? 무슨 메뚜기라고?"

베짱이, 방아깨비 정도는 알고 있었지만, 처음 들어보는 이름에 인터넷을 검색해 봐야 했다. 그렇게 아이들은 어느새 엄마·아빠보다 멋진 자연 선생님이 되어 있었고, 자연 속에서 또 한번 성장하고 있었다.

학부모 모임

유치원에서 마련한 학부모 모임에 참석했다. 아이의 유치원 생활, 육아 고민 등을 이야기하는 자리였다. 대부분의 학부모들은 아이들 생활을 궁금해했다. 그 속에서 두서없이 나의 푸념을 털어놓았다.

"직장생활보다 육아가 더 힘든 거 같다. 아이들 유치원 보낸 뒤, 집안 정리하고, 저녁 먹을거리 간단히 만들어 놓고, 잠시 있다 보면 어느새 아이들 하원 시간이다. 아이들이 학원에 가 있는 동안 학원 앞에서 방황하고 있는 나를 발견한다. 그래도 하루 중 한 시간 정도 운동을 하며 보내는데, 뭔가 마음의 여유가 없는 거 같다."

많은 분들이 공감하며 여러 이야기를 말씀해 주셨다. 그 중 한 분의 말씀이 가슴에 와닿았다.

"이기적인 마음을 먹을 필요가 있다. 미리 집안일 하고, 청소해도 아이들이 집으로 돌아오면 금세 지저분해진다. 아이들이 유치원에 가 있는 동안 마음 편하게 지내고, 아이들이 집으로 돌아오면 그때부터 집안일 해도 된다. 그래도 늦지 않다."

이렇게 말씀하신 분도 아이들이 유치원에 있는 동안 아이들 먹을 반찬을 만들어 놓으시며 바쁜 하루를 보낸다는 걸 아이들 하원을 기다리면서 들은 적이 있다. 그저 육아가 힘들다고 투정하는 아빠 학부모를 토닥여주며 다시 힘내라고 응원해 주시는 듯했다.

아이들 학원 생활

첫째 아이는 유치원 하원 후 학원(일주일에 두세 번)에 다니기 시작했다. 둘째 아이는 첫째 아이의 수업이 끝날 때까지 아빠와 함께 학원 주변을 서성이며 누나를 기다렸다.

그게 지루했던지 자기도 학원에 다니고 싶다는 내색을 비추기 시작했다. 방문수업을 받던 46개월 둘째 아이도 그렇게 학원에 다니기 시작했다.

첫째 아이는 1시간, 둘째 아이는 20분 정도 수업이 진행되었는데, 다행히도 잘 앉아서 하는 모양이었다.

두 아이가 함께 한 시간 정도 학원에 있었다면 잠시 까페라도 가 있었을 텐데, 둘째 아이는 금방 끝났기 때문에 시간을 활용하기도 애매했다.

그렇게 조금은 붕 뜬 시간이 생겼다. 아이들이 학원에 있는 동안 주위를 서성이며 보냈다. 학원 밖은 아이의 수업이 끝나기를 기다리는 부모, 수업을 마치고 부모를 기다리는 아이들, 그리고 또 다른 학원으로 향하는 아이들로 북적였다.

태어난 지 몇 년 안 된 아이들인데, 벌써부터 바쁜 생활을 하는 거 같아 안타까운 생각이 들기도 했다.

잠시, 끄적끄적

육아의 힘듦을 이야기할 때, 빠져있는 대상이 있다.
아이들이다.

어느 날 아이가 하원하는 오후 5시 30분쯤 학원 엘리베이터 앞에 큰 가방을 맨 어린아이가 서 있어서 슬쩍 말을 걸어보았다.

"혼자, 학원 다니는 거야? 대단하다! 몇 학년이야?"
"몇 학년 아닌데요, 유치원 다니는데요."
"정말? 혼자서 학원도 다니고 대단하네. 이제 집에 가는 거야?"
"아니요, 영어학원 가야 돼요! 휴… 힘들다."

아이들도 엄마·아빠와 함께 한 발짝 한 발짝 나아가고 있었다.

나 아 가 다

늦은, 저녁 시간
학원가 편의점에 어린 학생들이 자리 잡고 있다.

아이들은 금방 적응한다고 생각하지만
어쩌면 원래 세상이 그런가 보다 하고
참으며 나아가고 있는 건지도 모르겠다.

6장

전업육아 아빠가 되다

전업육아 결심

두 번째 육아휴직을 소진하고, 첫째 아이의 초등학교 입학 시기가 다가오면서 결국에는 퇴사 후 육아를 계속 맡아 해야 할 것 같았다. 어머니께도 상황을 말씀드렸다. 오래전부터 첫째 아이가 초등학교에 입학할 때쯤 육아를 전담할 거 같다고 말씀드려 왔지만, 어머니께서는 자식이 잘 다니는 회사를 그만두는 것에 대해 안타까워하셨다.

어느 날 문자 한 통이 왔다.

'회사 그만두면 안 된다.'

하지만 부모가 아이 곁에 있는 것이 아이들 정서에 좋다는 생각을 가지고 계셨기 때문에 결국에는 내 의견을 존중해 주셨다. 그리고 이야기하셨다.

'마음 편안하게 생활해라.'

당신의 마음도 편치 않을 텐데, 언제나 그렇듯 자식의 마음부터 챙기신다.

그렇게 이번에도, 지금까지 그랬던 것처럼, 결국 내 마음대로 결정한 삶을 살아간다.

육아휴직이 끝나기 한 달 전, 퇴사 이야기를 하러 회사에 갔다. 같이 일했던 상사분은 조금은 예상했는지 그냥 알겠다고 하셨다. 그동안 진로나 육아 등에 관해서 종종 이야기했었는데, 그때마다 "애 아빠가 어디 회사 그만두려고 하냐, 갈 곳 정해 놓고 나가라"고 손잡아 주셨던 분이었다. 이번에는 마음 편하게 갈 수 있도록 놓아주시는 듯했다. 감사했다.

인사 담당자분은 좋은 곳으로 이직하는 것은 응원하는데, 육아 때문에 그만두는 것은 아닌 거 같다며 조금 만류하기도 했다.

"아이가 조금만 크면 더 이상 아빠를 찾지 않는다. 그때 새롭게 준비하려면 힘들다. 지금의 결정을 후회할 수도 있다."

어디선가 들었던 말이었다. "아이들 금방 큰다. 회사 그만두지 마라."며 처음에 퇴사를 만류하시던 어머니 말씀과 같았다.

하지만 철없는 나는 이 말을 이렇게 해석했다.

'아이들 금방 큰다. 함께 할 시간이 짧다.'

사직 관련 서류는 메일로 진행해도 된다는 말을 듣고, 마지막 인사를 하고 회사를 나섰다.

첫 직장이었다. 이곳에 있으면서 결혼도 하고, 아이도 낳았다. 그렇게 10년 넘게 다니던 회사였다.
집으로 돌아오던 길이 그렇게 공허할 수 없었다.

이 행복한 시간을 아이와 함께 보내고 싶을 뿐이다.

이 순간을 놓친다면

나의 삶 중에 가장 후회하는 순간이 될 거 같았다.

초등학교 입학

첫째 아이가 초등학교에 입학하면서 초등학생 1명, 유치원생 1명을 둔 학부모가 되었다.

어느 날 첫째 아이가 동생에게 이야기한다.

"유치원 재밌게 다녀! 학교 가면 계속 책상에 앉아서 공부만 해. 학교 수업 끝나고도, 방과후 학교 해야 하지, 학원도 다니지. 얼마나 힘들다고. 나 다시 유치원으로 돌아가고 싶다."

그래도 학교생활이 싫지 않은 모양이었다. 유치원 적응에 어려움을 겪었던 적이 있어서, 아이의 학교적응이 앞서 걱정되었지만, 첫날부터 친구를 사귀었다며, 곧잘 다녔다.

5월에 초등학교 학부모 공개수업이 있었다. 여기에 방과

후 학교 공개수업도 있었다. 생각지도 못한 행사였다. 한 주에 4일을 학교에 방문했다. 초등학교 자녀를 둔 이웃분을 길에서 만나 물어봤다.

"방과후 학교 공개수업에도 꼭 다 가야 하나요?"
"네. 다른 엄마·아빠들은 오는데, 안 가면 아이들이 서운해 하더라구요."

둘째 아이가 초등학교에 입학했을 때 공개수업을 정신없이 다니고 있을 모습을 상상해본다.

두 발 자 전 거 '5 초'

친구들은 다 두발자전거 타는데, 자기만 못 탄단다.
저녁을 먹고, 두발자전거 타기 연습을 하러 나왔다.
타는 데 집중하지 못하고 계속 혼자서 몇 초 탔냐고
묻기 바쁘다.
기적적으로 5초 동안 혼자서 탔다.
그것만으로도 기쁜 아이다.

좋 아 하 는 사 람

아이가 크면서 티격태격하는 날들이 늘어나고 있다.

어느 날
첫째 아이가 학교에서 쓴 글이라며 보여준다.
그중 글귀 하나가 눈에 들어온다.

좋아하는 사람, 아빠

지금,
육아하는
이유

아빠의 하루

　초등학생 1명, 유치원생 1명을 돌보는 일은 유치원생 2명을 돌보던 때와는 생각보다 달랐다.

　아이들의 동선이 달라지면서 등하원 시키는 일이 배로 늘어난 느낌이었다. 첫째 아이는 학교가 집 가까이 있었지만 데려다 달라고 한다.

　"야, 아빠는 10분 거리를 혼자 걸어 다녔어."라고 핀잔을 주며 집을 나선다. 첫째 아이를 등교시키고 둘째 아이를 차에 태워 유치원에 내려다 주고 나면 혼자만의 시간이다.

　간단히 집안 정리와 저녁 식사 거리를 준비하고 나면 첫째 아이의 하교 시간까지 두 시간 남짓 개인 충전 시간을 가질 수 있다.

　첫째 아이가 하교 후 집으로 돌아오면 꼭 먹을 것을 찾는다. 학교에서 점심 먹은 지 얼마 안 지난 거 같은데 말이다. 그래도 이 시간이 퇴사 후 육아하면서 가장 뿌듯한 시간 중 하나다. 오전에 준비했던 저녁 반찬거리로 밥을 차려주거나, 짜장라면, 핫도그 등을 간식으로 준다. 첫째 아이를 학원에 내려다 주고, 둘째 아이를 데리러 유치원으로 간다. 하원한 둘째 아이도 누나가 있는 학원으로 간다.

학원이 끝나고 집으로 돌아오면 저녁 전쟁 시간이다. 밥 먹이고, 씻기고, 아이들 싸우는 거 말리고, 잠들 때까지 정신없는 시간이 지나간다.

아빠의 하루(오전)

아침 7시쯤, 잠에서 깬 첫째 아이와 함께 거실로 나온다.
멍한 상태로 어젯밤에 싱크대에 그냥 두었던 설거짓거리를 정리한다. 어느
새 일어난 둘째 아이가 자기도 일어났다며 얼굴을 비추고 소파에 털썩 앉는
다. 간단히 씻고 아이들 아침밥을 준비한다.

아침밥은 언제나 그렇듯 주먹밥, 계란밥, 즉석 죽 등 간단하게 먹일 수 있는
것들 위주다.
아이들이 밥을 먹는 동안 아이들 가방을 챙긴다. 아이들은 밥을 먹는 둥 마
는 둥 장난치다가 텔레비전을 켜고 그 속으로 빠져든다. 아이들 옆에 앉아
몇 숟가락 입안으로 밥을 넣어준다. 어느새 등교할 시간이다. 첫째 아이의
등원을 맡고 있는 아내의 마음도 급해진다. 아내와 첫째 아이가 서둘러 집
밖으로 나간다(일주일에 한 번은 아빠도 같이 데려다 달라는 첫째 아이의 찜
에 넘어간 뒤로는 온 가족이 함께 초등학교 앞으로 출동하면서 둘째 아이의
등원 시간도 빨라졌다).

둘째 아이 옆에 앉아 남은 밥을 먹이지만 더 이상 먹기 싫어한다.
둘째 아이를 차에 태워 유치원에 데려다주고 집에 오면 9시가 조금 넘어 있
다. 집은 어젯밤의 치우지 않은 상태와 아침의 정신없던 흔적들이 뒤섞여 있
다. 식탁에 앉아 잠시 숨을 돌리면서 생각한다.

　　'아이들이 남긴 밥을 먹어야 하나'

세탁기를 돌려놓고 식탁에 앉아 남은 밥들을 먹기 시작한다.
밥을 먹은 후 잠시 앉아 있다 집안 정리를 하고 나면 빨래가 끝났다고 세탁
기가 오라고 신호를 보낸다. 빨랫줄에 걸려있던 옷들을 거실에 던져놓고 빨
래를 널고, 어젯밤에 사놓은 소고기를 꺼내 미역국을 끓인다. 다행히 손쉽게
끓일 수 있는 미역국을 아이들이 좋아한다. 반찬으로 메추리 장조림을 만들
거나 생선을 구워 놓으면 일단 대충 마무리된 느낌이다.

아빠의 하루(오후)

12시다. 첫째 아이의 하교 시간까지 2시간이 남아 있다.
마트에 다녀올지, 음악을 틀어놓고 휴식 시간을 가질지 잠시 고민한다(예전에는 한 시간씩 운동을 했었는데, 몸이 안 좋아 잠시 쉬었더니 그 뒤로 하지 않게 되었다).
오늘은 저녁 먹을거리도 준비되어 있고, 첫째 아이가 조금 더 늦게 하교하는 내일, 마트에 가고, 오늘은 그냥 집에 있자고 손쉽게 결정한다.
잠시 눈 깜빡거린 거 같은데, 어느새 하교 시간이다.

학교 문 앞으로 가니 방과후 학교 활동이 없는 아이들과 학부모님들이 근처 놀이터에 있다. 첫째 아이는 아빠에게 가방을 맡기고 친구들에게 달려간다. 홀로 남겨진 나는 대부분 어머니인 학부모들 근처에 가서 쭈뼛쭈뼛 서 있는다. 한두 달 지나서부터는 처음과 달리 조금은 편해졌지만, 여전히 스스로 어색해하는 거 같다. 그렇게 삼사십 분 정도 놀이터에 머물다 아이와 집으로 돌아온다

집에 돌아온 아이는 배고프다며 먹을 것을 달라고 한다.
오전에 끓여놓은 미역국과 밥을 차려준다. 아이는 학교에서 있었던 일들을 얘기하다가, 유튜브를 보고 싶다며 아빠 폰을 달라고 한다. '그래, 학교 갔다 온다고 고생했어. 지금이라도 편히 쉬어'라는 마음으로 폰을 건넨다. 아이가 밥을 먹는 동안 오전에 던져 놓았던 옷가지들을 정리한다.

어느새 15시 30분이다. 첫째 아이를 학원에 내려다 놓고 둘째 아이를 데리러 유치원에 간다. 하원한 둘째 아이도 첫째 아이가 다니는 학원에 집어넣는다. 수업 시간이 누나는 1시간, 동생은 20분 정도라서 끝나는 시간이 얼추 비슷하다.

아빠의 하루(저녁)

단축근무를 해서 종종 16시에 퇴근하는 아내의 연락이 없어서 전화하니 18시에 끝난다고 한다. 수업을 마친 아이들과 학원 근처에서 아내를 기다린다. 아이가 갑자기 돈까스를 먹고 싶다고 한다. 집에 가서 밥을 먹자고 해도 아이의 맘은 바뀌지 않는다. 그렇게 오늘 저녁 메뉴는 돈까스로 결정나고, 퇴근한 아내와 함께 식당으로 간다. 조용히 잘 먹던 아이들이 조금씩 집중력을 잃고 장난치기 시작하면서 혹시 주변 사람에게 피해를 줄까 봐 마음이 심란해진다.

　　'그냥 집에 가서 먹을걸.'

저녁 식사를 마치고 집에 돌아오니 19시 30분이다.
먼저 씻자는 말은 허공으로 퍼져나간다. 첫째 아이는 그림을 그릴 거라며 '귀여운 캐릭터'를 프린트해 달라고 조르고, 둘째 아이는 블록을 거실에 엎어서 기차를 만들고 논다. 잘 노는가 싶더니 어느새 둘째 아이의 울음소리가 들린다. 크면서 다투는 날들이 점점 늘고 있다.

20시 30분까지 기다리다 목욕시키고. 침대에 드러눕는다.
그래도 첫째 아이는 혼자서 조용히 책을 읽어 편한데, 둘째 아이는 글을 읽을 줄 알면서도 읽어 달라고 보챈다. 잠시 책을 읽다 불을 끄고 강제 취침시킨다.

아이들이 잠든 뒤, 빠져나와 바라본 거실은 난장판이다.
눈에 띄는 큰 것들만 대충 정리하고 '이제 끝났다'라는 생각과 함께 빌러덩 거실에 드러눕는다. 아내와 TV를 보며 꿀맛 같은 휴식을 즐긴다. 가끔 아내와 맥주 한잔하며 하루를 마무리한다.

단절된 삶, 벗어나기

전업육아로 사회와 단절된 느낌이다.
문화센터 프로그램을 신청했다.
야외활동을 좋아하는 내가
붓펜을 잡을 줄은 몰랐다.
글을 쓰는 동안 잡념이 사라져서 좋다

잠시, 끄적끄적

아이 유치원 하원길에 학부모님이 물어보신다.

"애들 보는 거 생각보다 힘들죠?"
"네. 그래도 유치원, 학교 마치고, 또 바로 학원 가는 아이들에 비하면
괜찮은 거 같아요."
"애들 이곳저곳 데려다 주는 우리 부모들도 힘들죠!"

맞다. 아이들 유치원, 학원 라이딩하는 것도 쉬운 일이 아니다.
오늘도 아이들이 학원에 있는 동안 근처에서 배회하는 나를 발견한다.

아내와 아이들이 집으로 돌아오기 전에
저녁거리를 대충이라도 만들어 놓으려고 했다.

저녁이 있는 삶을 위해서!!

맞벌이를 할 때는 몰랐다.
칼퇴근을 하고 집으로 돌아와 빨리 음식을 차려 먹으면
저녁이 있는 삶이라 생각했다

아니었다.

정시에 퇴근을 한다고 해도
1시간 정도의 퇴근길과 저녁상차림 준비까지 고려하면
저녁 7시 30분쯤은 되어야
온 가족이 함께 식사를 할 수 있었다.

오후 4시가 조금 지난 시각에
어린이집과 유치원에서 돌아온 아이들은 먼저 먹거나
부모와 함께 저녁을 먹기 위해
그 시간까지 기다려야 했었다.

아이 방학

방학이다.

방학식 날 아이들이 알림장을 가지고 왔다. 그저 어린 줄만 알았던 아이들에 대한 선생님들의 평가를 받아보니, 조금은 안심되었다. 육아에 조금은 서툰 부모 아래에서 아이들도 스스로의 방식으로 열심히 사회생활을 해 나가고 있구나라는 생각이 들었다.

첫째 아이의 1학년 1학기 알림장

여러 과목의 학습에 부족함 없이 우수한 성취를 보이며 학급 친구들과의 교우 관계도 원만합니다. 친구를 배려하는 대화 방법을 알고 실천하며 친구들과 다툼없이 두루 친하게 지냅니다.
발음이 분명하며 자기 생각을 정확히 이야기할 줄 압니다. 이러한 장점을 살려 2학기에는 발표 활동에 조금 더 적극적으로 참여하기를 바랍니다.

조용하고 차분한 듯하면서도 자기주장은 분명하고, 숲에서는 자기가 하고
싶은 놀이를 주도적으로 하기도 합니다. 규칙에 대한 이해도 분명하며, 정리
시간에는 정리 정돈도 잘합니다.

육아를 하면서 오랫동안 가장 걱정되었던 시기가 초등학
생의 방학이었다.

어린이집, 유치원도 방학이 있지만, 외벌이라도 방학 돌봄
을 신청할 수 있어서 실질적인 방학은 일주일이다. 하지만
초등학교의 경우 맞벌이가 아니면 방학 돌봄을 신청할 수
없었다. 그렇게 여름방학은 약 3주, 겨울방학은 그보다 긴
두 달을 아이와 보내야 한다. 둘째 아이의 유치원 방학 돌봄
신청도 하지 않을까 잠시 고민했지만, 그냥 보내기로 했다.
초등학생 한 명을 돌보는 것과 초등학생 한 명, 유치원 한 명
을 함께 보는 것은 큰 차이가 있다는 걸 그동안의 경험으로
알고 있었다. 그리고 둘째 아이는 누나와 노는 것도 좋아했
지만, 유치원에 가는 것도 좋아했다. 만약 둘째 아이가 누나
와 논다고 유치원에 가지 않겠다고 떼를 썼다면, 어쩌면, 셋
이 방학을 보냈을지도 모르겠다.

여름 방학 중 1주일을 친척 집과 어머니 댁에서 보내고 돌아온 후, 2주 동안의 일과는 그 전과 큰 차이가 없었다.

둘째 아이의 등원 후 집안 정리를 하고 저녁 먹거리를 만들었다. 그동안 첫째 아이는 TV를 보며 방학을 즐겼다. 그 후 아이와 카페에 가서 아이는 방학 숙제를 하고 나는 책을 읽으며 시간을 보냈다. 아이가 말동무가 되어 주기도 했다. 식사는 집에서 대부분 해결했지만, 아이와 오붓하게 식당에서 식사를 즐기기도 했다. 아이로 인해 점심을 챙겨 먹게 되었다. 2박 3일간의 가족여행으로 3주간의 방학은 마무리되었는데, 생각보다 힘들지 않고 금세 지나갔다.

잠시, 끄적끄적

문득 직장생활을 하던 때가 생각난다.

맞벌이 부부였던 우리에게 아이들 방학은 어떻게든 넘겨야 하는 숙제 거리였다. 미리 아이들 방학이 언제인지 알아보고, 휴가를 맞춰 놓는다. 다행히 회사 여건이 휴가를 쓸 수 있는 경우라면 다행이지만, 혹시나 업무 일정 등이 겹칠 경우 며칠 전부터 대책 마련에 분주해진다. 그나마 유치원 방학과 어린이집 방학이 겹치는 기간이 있어 그 기간에 맞춰 5일간의 휴가를 쓴다. 혹시나 시간을 맞추기 어려울 때는 장모님과 처제가 도와주면서 무사히 넘길 수 있었다. 대학원생이던 처제는 이 상황이 낯설었을 텐데도, 육아 중간중간 장모님을 대신해 아이를 봐 주기도 했었다. 미안하고, 고마웠다.

함 께 방 학 을 즐 기 다

　　함께 카페 데이트도 하고, 영화도 보며
아이는 아빠에게 외롭지 않은 방학을 만들어 준다.

지금,
육아의
이유

둘째 아이, 달리다

여행길에서 아이가 달린다.
그저 맘껏 뛰어다닐 수 있는 곳이 좋은 모양이다.

여름방학이 끝나고 2학기가 시작되었다. 하루 일과는 1학기 때와 비슷했다. 기상 후, 아이들 학교, 유치원 보내고, 집안 정리하고 반찬거리 준비하고, 아이 하교/하원 시키고 학원 데려다주고 데려오고, 저녁밥 먹고, 놀다 보면 잠자리에 든다.

거울방학이 다가오면서 이번 방학은 어떻게 보내야 할지 고민한다. 여름방학 때, 첫째 아이는 학원만 일주일에 두 번 가고 아무것도 배우지 않았다. 하지만 이번에는 방학 방과후 학교를 신청했고, 둘째 아이는 그대로 유치원 돌봄 신청을 했다.

길고 길었던 두 달간의 거울방학도 평범한 일상을 보내고, 짧은 여행을 다녀오니 어느새 끝나간다.

잠시, 끄적끄적

아이가 물어본다.

"아빠는 나와 계속 함께 있는 방학이 좋아? 아니면 내가 학교 갈 때가 좋아?"
"음. 아빠는 우리 애기들이랑 함께 있는 시간도 너무 좋고, 학교에 가서 배우고 성장해 나가는 너희들 보는 것도 좋아."

아이가 대답한다.

"아빠. 난 아빠와 계속 함께 있는 게 좋아. 학교 가면 떨어져 있잖아."

121

지금,
육아하는
이유

．
．

여행
아이와 함께 떠나다

여행지에서도 소소한 일상을 즐겼고

여유롭고 소박한 여행지가 좋았다.

'아이들'이 좋아하고

'가족'이 함께 할 수 있는 곳으로 오늘도 떠난다.

1장

일상이 여행지가 되다

오늘은 아이와 뭐하지?

반복되는 일상에서

무엇을 해야 할지 고민할 때가 많다.

아이는 동네 놀이터에서 뛰어노는 것만으로도

충분히 즐거워한다.

일상에서 쉽게 접할 수 있는

도서관, 둘레길, 시장, 공원은

아이들에게 놀이 이상의 즐거움을 주는 곳이다.

놀이터

그래, 아이들에게 놀이터만 한 곳은 없다!

아이들에게 놀이터보다 재미있는 장소는 없다. 아이들의 첫 사회생활이 시작되는 장소 중 하나도 동네 놀이터다. 처음에는 서먹하던 아이들이 어느새 친해져 놀고 있는 모습을 발견할 수 있다. 어둠이 깔리기 시작해야 집으로 돌아간다.

용인 만골근린공원

인천 영종도 씨사이드 파크

부산 어린이대공원

군포 초막골 생태공원

도서관

책과 친구가 되어볼까?

도서관 한켠에 어린이 도서실이 자리 잡고 있다. 어린이가 이용하는 곳이라 조금 소란스러워도 서로 이해해 주는 분위기다. 도서관마다 차이가 있겠지만, '책 읽어 주는 프로그램'도 있다. 아이가 읽고 싶은 책을 가지고, 자원봉사자에게 요청하면 아이에게 책을 읽어 준다. 그동안 부모에게는 잠시의 휴식 시간이 보장된다.

제주 꿈바당 어린이도서관

김해 지혜의 바다

부천 만화도서관

세종 시립도서관

둘레길

걷고 또 걷고! 상쾌한 공기도 마시고, 풍경도 즐기자~

아이에게 산 내음을 맡게 해 주고 싶을 때 종종 숲속 둘레
길을 걸었다. 새소리, 바람 소리, 나무 소리를 들으면 몸이
저절로 힐링 되는 듯하다. 무장애 숲길(무장애 둘레길, 무장애
나눔길 등)은 아이들도 어렵지 않게 산책할 수 있는 길이다.
지금도 아이들과 '한국의 둘레길' 등의 TV 프로그램을 즐겨
보며, 여행 계획을 세운다.

제주 올레길

서해 어느 섬

대전 계족산 황톳길

시골길

마트와 시장

오늘 뭐 살까? 마트 가자! 아이는 식품 홍보대사!

마트나 시장은 아이들에게는 재미있는 물건들이 가득한 공간이다. 가끔 '식품 홍보대사'로 탈바꿈한다. 집에서는 잘 먹지 않는 아이들도 마트 시식 코너에만 가면 잘 먹는다. 종종 재래시장을 찾는다. 어르신들이 아이를 보면서 "아이구, 우리 애기들 예쁘네. 시장에 놀러 왔어?"라고 하시는 말씀에 아이도, 엄마·아빠도 기분이 좋아진다.

포항 죽도시장

예산 예산시장

서울 남대문시장

농수산물 도매시장

공원

아이는 마음껏 뛰어놀고! 부모는 잠시 휴식을 가져보자

실내 공간에서는 아이들의 넘치는 에너지로 인해 혹시나 다른 사람에게 피해를 줄까 봐 걱정된다. 키즈카페는 비용적인 측면에서 조금씩 부담되기 시작한다. 그럴 때 공원은 아이들의 에너지를 폭발시키고, 부모는 잠깐 돗자리나 벤치에 앉아 휴식을 취할 수 있는 최고의 공간이다.

시흥 갯골생태공원

의왕 왕송호수공원(레솔레파크)

서울 용산가족공원

당진 합덕제 수변공원

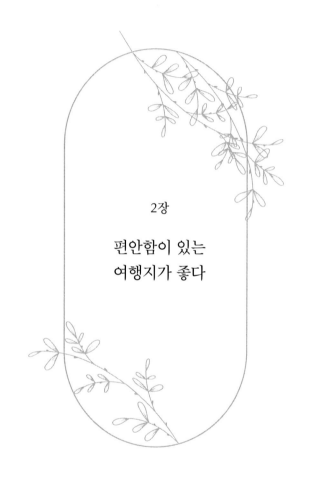

2장

편안함이 있는
여행지가 좋다

한적하면서 아름다운 자연경관을 만나 볼 수 있는

여행지는 편안함이 있어 좋다.

물론 그곳에도 아이들이 좋아할 무언가가 있어야 한다.

소박한 편안함이 있으면서 아이들도 즐거운 곳으로 떠나본다.

무주 : 태권도의 기상과 반딧불이 살아 숨 쉬는 곳

태권도원에서는 자긍심과 뿌듯함이 저절로 생긴다

태권도원은 '세계 유일의 태권도 전문공간'으로, 숙박을 하며, 태권도 체험, 공예품 만들기 등 다양한 프로그램에 참여할 수 있다. 멋진 태권도 공연에 아이들은 한시도 눈을 떼지 못하고, 도복을 입고 태권도를 체험할 때는 진지한 모습을 보이기도 한다. 모노레일을 타고 전망대에 가서 멋진 풍경도 즐겨보자.

별도 보고, 곤충도 보고, 물고기도 보고

반디랜드는 반디별 천문과학관, 곤충박물관(생태온실, 아쿠아존), 청소년 야영장, 반딧불 연구소 등이 있는 관람, 체험, 교육 공간이다. 아이들과 야간 천체관측 프로그램을 이용해 보는 것을 추천한다. 별을 바라보다 주위를 둘러보면 숲속에서 노니는 반딧불을 볼 기회를 맞이할 수도 있다.

무주 목재 문화체험장, 머루와인 동굴도 아이들에게 특별한 즐거움을 준다. 여름철 **구천동계곡**에서 물놀이를 하며 더위를 날려보자.

영덕 : 푸른 동해의 아름다운 풍경이 가득한 곳

오늘 한번 열심히 대게 잡아보자!

영덕 대게 축제에서는 대게 낚시, 대게 달리기, 대게 깜짝경매 등의 프로그램을 체험할 수 있으며, 거대 에어돔에서 다양한 먹거리를 맛볼 수 있다. 대게 달리기 체험에 참여한 아이들은 더 큰 대게를 잡기 위해 눈빛이 번쩍인다.

멋진 풍경도 보고, 재미있는 체험도 하고!

동해바다가 내려다보이는 언덕 위에 자리 잡고 있는 **영덕 풍력발전단지**는 이
채로운 풍경을 지니고 있으며 힘찬 에너지가 느껴진다. 아이들은 **정크&트릭
아트전시관, 신재생에너지전시관**, 야외놀이터에서 즐거운 시간을 보낸다.

지금,
떠나야
이유

바다에서 모래놀이 할까,
숲을 걸으며 생각에 잠겨볼까

고래불 해수욕장은 끝없이 펼쳐진 백사장이 인상적인 곳으로, 고려말 목은 이색선생이 고래가 뛰어노는 걸 보고 '고래불'이라 명명하였다고 한다. **벌영리 메타세콰이어 숲**은 사유지이지만 일반인에게 개방한 상태로, 잠시 숲속 향기를 맡으며 쉬어가기 좋은 곳이다.

공주 : 찬란했던 백제의 숨결이 느껴지는 곳

신나게 구경하고, 백제 숨결도 느껴보자

공주한옥마을에서는 백제고도의 숨결을 느껴보고, 아이들과 전통문화체험을 할 수 있다. 언덕 위에 마련된 미끄럼틀은 아이들에게 최고의 놀이공간이다. **국립공주박물관**이 인근에 위치해 찬란한 백제문화를 접할 수 있으며, 수장고 관람은 아이뿐만 아니라 어른에게도 신선한 경험이다.

편안함을 주는 이 동네가 참 좋다

공주 시내를 가로지르는 **제민천과 인근 마을**은 도심재생사업으로 아기자기하
게 꾸며져 있다. 제민천 주변에 맛집과 카페들도 많아 잠시 들려보는 것을 추
천한다.

다양한 공연도 구경하고, 밤도 먹고~

공주 백제문화제와 알밤축제에 맞춰 방문하는 것도 좋다. 공주 **백제문화제**는 공주시와 부여군이 합동 개최하는 종합예술제 성격의 문화제로, 축하공연, 미디어아트, 별빛정원, 퍼레이드 등 볼거리가 많다. 겨울 **알밤축제**에서는 커다란 화로에 직접 알밤을 구워 먹는 경험을 해 볼 수 있으며 따뜻한 온기를 느낄 수 있다.

지금,
우아하는
이유

여수 : 아름다운 섬을 품고 있는 휴양도시

섬! 또 다른 매력이 넘친다

돌산 신기항에서 배를 타고 들어가 **금오도 비렁길**을 잠시 걷는 것도 좋다. 다도해의 풍경은 눈부시게 아름답다.

하늘을 날아서~ 버스를 타고~ 오동도에 가보자

돌산공원에서 자산공원까지 1.5㎞ 구간을 왕복하는 **여수 해상케이블카**를 타면 여수 전경을 한눈에 담을 수 있다. 이후 아이들과 **동백버스**를 타고, 오동도에 들어가 아름다운 동백꽃 사이를 산책하고, **등대**를 구경해 보는 것도 좋다.

예술의 섬에 가려면 때를 맞춰야 한다

장도는 복합문화예술 공원으로, 창작스튜디오, 다목적 전시관, 다도해정원, 전망대, 야외 공연장과 잔디광장으로 구성되어 있다. 물때에 따라 잠기지 않을 때만 지나갈 수 있는 335m의 보행교량 진섬다리를 통해 입도할 수 있다.

동해 : 동해바다의 색다른 매력이 넘치는 곳

좁은 골목길을 다니며 옛 어촌마을의 정취를 느껴보자

논골담길은 1941년 개항된 묵호항의 역사와 마을 사람들의 이야기를 간직하고 있는 곳이다. 길을 걷다 만나게 되는 글 하나가 지금도 가끔 떠 오른다. '묵호의 바다는 낮에는 석탄을 실어 나르느라 항상 검었고, 밤에는 오징어잡이 배의 불꽃으로 벚꽃 잔치 같았다'.

지금,
요야하는
이유

동굴도 탐험하고~ 흔들다리도 타고~ 기차도 타고~

천곡동굴은 전국에서 유일하게 도심 속에 위치한 동굴로, 아이들도 어렵지 않게 탐방할 수 있다. 운이 좋으면 황금박쥐를 볼 수 있다고 한다. 바다 위 **추암 촛대바위 흔들다리**를 걷는 것도 색다른 경험이다.

그리고 강릉, 동해, 삼척을 잇는 **동해바다열차***를 타고 소소한 추억을 남겨 보자.

---

* 동해바다열차의 운영 중단 기사를 본 적이 있다. 원만히 해결되어 다른 누군가도 좋은 추억을 남겼으면 좋겠다.

단양 : 청정 자연의 신비로움을 간직한 곳

와, 딴 세상같아! 너무 멋져!

고수동굴은 독특한 형상의 동굴 생성물들이 곳곳에 펼쳐져 있어 탐방하는 재미가 있다. 다만, 오르락내리락 가파른 계단길이 많아 한참 모험심이 샘솟는 어린이부터 즐기기 좋다.

물고기도 구경하고, 걸으며 힐링하자

다누리 아쿠아리움은 국내 최대의 민물고기 생태관으로 다양한 국내외 민물고기를 만나볼 수 있다.

그리고 남한강 암벽을 따라 **잔도길**이 있어 가파른 절벽과 물 사이를 걷는 트레킹 체험을 할 수 있으며, **만천하 스카이워크** 전망대에서는 남한강의 아름다운 전경을 한눈에 담을 수 있다.

서천-군산 :
청정 갯벌을 품은 서천과 근대 역사를 간직한 군산

꽃 구경 했으니 이제 게 잡아볼까

서천 장항송림산림욕장은 드넓은 해송 숲 사이로 산책을 즐길 수 있으며, 8월
~9월 맥문동 꽃이 필 때는 보랏빛으로 가득하다. 바로 앞에 있는 **갯벌**에서 조
개, 꽃게를 잡아볼 수 있으며, 아찔한 높이의 스카이워크에서 서해의 낙조를
감상할 수도 있다.

다양한 동식물도 보고, 체험도 하며 놀자

서천 국립생태원 에코리움은 열대관, 사막관, 지중해관, 온대관, 극지관 등 각 기후 대표 동식물을 전시하고 있다. **국립해양생물자원관 씨큐리움**에서는 다양한 해양생물 표본을 보고, 키즈카페, 4D 영상 등의 체험을 할 수 있다.

철길을 따라 추억 속에 빠지고, 근대화 거리에서 다양한 모습의 건물도 보고~

군산 경암동 철길마을은 추억의 불량식품, 옛날 장난감이 호기심을 자극하고, 달고나, 교복 체험 등은 레트로 감성을 불러일으킨다. **근대화 거리**에는 역사박물관, 근대미술관, 근대일본 건축양식 건물, 카페 등이 어울려 있어 아이와 함께 거닐기에 좋다. 군산문화재 야행 등 축제 기간에 들러 보는 것도 좋다.

지금, 육아하는 이유

문경 : 굽이치는 문경새재의 다양한 볼거리

석탄박물관, 세트장, 전시공간, 어린이 놀이공간까지 한번에 즐겨보자

에코월드는 석탄박물관과 가은오픈세트장, 에코타운, 야외 체험시설 등으로 구성된 복합 문화 콘텐츠 테마파크이다. 석탄박물관을 구경할 때 광부들의 고된 노동을 생각하니 마음이 먹먹해지기도 한다. 반나절은 잡고 와야 제대로 즐길 수 있다.

오미자 차 한잔하고, 문경에 살고 있는 동식물을 구경해보자

오미자 테마공원은 '오미자' 홍보의 장이면서, 직접 체험하고 즐길 수 있는 공간이다. **자연생태박물관**은 문경새재 일원의 생태자원 및 생물자원을 연구하고 전시하는 곳으로, 신재생에너지전시실, 상설/기획 전시실, 생태게임룸 등으로 구성되어 있다.

칙칙폭폭! 꼬마 기차가 나가신다

가은역은 폐역이 된 후 등록문화재로 지정되어 관리되어 왔으며, 등록문화재 활용사업을 통해 새로운 휴식 공간으로 재탄생, 카페로 운영되고 있다. 인근에 **꼬마 기차**가 운영 중이다.

지금,
육아하는
이유

경주 : 천년의 역사와 현재가 만나는 곳

여기 구경할 게 너무 많아. 이거 사고 싶어~

황리단길은 경주 황남동과 이태원의 경리단길이 합쳐진 단어로 '황남동의 경리단길'이라는 뜻을 가지고 있다. 골목골목마다 먹거리와 소품샵 등이 있어 인파와 뒤섞여 구경하다 보면 시간이 가는 줄 모른다.

책에서 봤던 문화재가 눈앞에 펼쳐지다

신라 천년의 역사를 품은 도시답게 **첨성대, 천마총** 등 곳곳에 문화재가 자리 잡고 있다. 아이들은 **고분**을 신기한 듯 바라보며 문화재 탐방을 즐긴다.

우리, 타임머신을 타고 옛날로 온 거 같아

영동마을은 우리나라에서 가장 큰 규모와 오랜 역사를 지닌 대표적인 양반 집 성촌으로, 유네스코 세계문화유산으로 등재되어 있다. 마을을 거닐다 보면 과거로 들어온 느낌이다. 마을 해설 프로그램을 이용해도 좋을 듯하다.

지금,
돌아보는
이유

남해 : 보물 같은 풍경을 품고 있는 곳

색다른 테마 관광지와 놀거리가 다양해

남해에는 **상주은모래비치** 해수욕장, **죽방렴**(물살이 드나드는 좁은 바다 물목에 대나무발 그물을 세워 물고기를 잡는 원시 어업) **관람대, 보물섬전망대, 독일마을** 등 다양한 놀거리와 볼거리가 있는 보물 같은 섬이다.

양치기 소년이 되어 볼까

남해가 내려다 보이는 터전에 자리 잡은 목장. **양모리 학교**는 커피 한 잔 값의 입장료로 먹이 체험, 깡통열차 등 자유롭게 시설 이용이 가능하다. 울타리를 넘나들며 양에게 먹이를 줄 수 있으며, 말, 염소, 토끼 등의 다양한 동물도 만나 볼 수 있다.

지금,
육아하는
이유

3장

이곳저곳에
발자취를 남기다

아이들이 크면서

조금은 좁게 느껴지는 보금자리에서

하루종일 복작복작 지내는 게 힘들어서,

아이들의 에너지가 집에서 발산되면

혹시나 주말에 휴식을 취하고 있을 이웃에게

피해를 줄까 봐

어딘가로 떠난다.

물론, 아이들과 새로운 공간에서
많은 추억을 쌓고 싶은 마음도 크다.

목적지까지 카시트에 묶여 있어야 하는
아이들에게는 고행길일지도 모른다.

그저 여행 목적지에 도착했을 때
아이들도 좋아해 주길 바랄 뿐이다.

테마파크(복합문화공간)

예산 아그로랜드 태신목장

와! 넓다. 와! 예쁘다~

아그로랜드는 Agriculture(농업)과 Land(땅)의 합성어로 국내 최초로 '낙농체험
목장' 인증을 받았다. 동물 먹이 주기 등 목장 체험을 할 수 있으며, 트랙터 열
차를 타고 드넓은 목장을 한 바퀴 돌아보는 것도 좋다. 곳곳에 예쁜 장소들이
많으니 꼭 멋진 가족사진을 남겨보자.

증평 벨포레 목장

아이들도, 부모도 빠져든다

증평 서낭당 벼루재 고개 너머 드넓은 분지에 위치하여 풍경이 좋다. 양떼목장(양몰이 공연), 미니농장(포니, 당나귀, 보어염소, 기니피그 등 먹이 체험) 외에도 놀이동산, 익스트림 루지, 수상레저 등을 즐길 수 있는 있으며, 골프장, 리조트도 갖춘 복합 레저단지이다. 즐길 거리가 다양해서 리조트에서 숙박을 하며 여유롭게 즐겨도 좋을 듯하다.

제주 에코랜드

칙칙폭폭~ 기차 타고 풍경도 즐기고, 다양한 체험도 하고~

영국에서 수제품으로 제작된 링컨 기차를 타고 코스별로 이동하며, 30만 평의 곶자왈 원시림을 체험할 수 있는 테마파크이다. 말 당근 주기, 족욕, 캔들/향수 만들기 등의 소소한 체험거리와 다양한 볼거리들이 곳곳에 있다.

곡성 섬진강 기차마을

기차도 타고, 놀이기구도 타고, 동물도 구경하
고~

섬진강을 따라 전국 유일의 관광용 증기기관 열차
를 운영하고 있다. 미니 기차를 타면서 마을을 관
람할 수 있고, 놀이공원의 미니 바이킹, 우주 전투
기 등은 어린아이들이 즐기기에 적당하다. 이외
에도 레일바이크, 동물농장, 4D 영상관 등 다양한
놀거리가 있다.

용인 한국민속촌

전통의 멋도 즐기고~ 신나게 한번 놀아보자!

최고의 전통문화 테마 종합관광지를 목적으로 설립되었으며, 계절별 다양한 컨셉의 이벤트를 진행하고 있다. 더운 여름날, 낮에는 워터밤을, 밤에는 댄스 파티를 즐기다 보면 다음번 방문을 기약하게 된다. 온 가족이 즐기기에 부족함 이 없다.

어린이박물관

인천 강화 옥토끼 우주센터

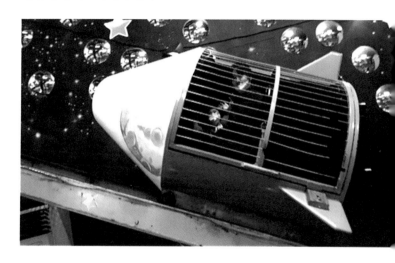

우주가 궁금해? 그럼 이곳에서 먼저 체험해 보자

국내 최초의 항공우주과학 테마파크로, 아이들 위주의 항공우주 관련 체험기구와 교육 프로그램을 개발, 운영하고 있다. 우주과학박물관은 우주 체험, 3D 영화관, 전시관 등으로 구성되어 있으며, 야외테마공원에서는 계절에 따라 썰매장, 유수풀을 운영한다.

전주 전라북도 어린이창의체험관

어떤 것부터 해 볼까? 시간이 부족하다

역할·과학 놀이, VR/AR 기반 4차 산업 등 첨단콘텐츠를 체험할 수 있는 복합 놀이문화 공간이다. 즐길 거리가 많은데, 회차당 체험 시간이 1시간 30분으로 제한되어 있어, 효율적으로 시간을 사용하는 게 중요하다.

다른 동네 어린이박물관에도 한번 가볼까?

용인 경기도 어린이박물관

국내 최초의 독자 건물 형태로 지어진 어린이박물관으로, 영유아부터 어린이까지 즐길 수 있는 다양한 전시와 프로그램을 제공하고 있다.

세종 국립어린이박물관

영유아 대상 숲속 놀이터, 도시를 탐험하는 도시디자인 놀이터, 우리문화 놀이터 등으로 구성되어 있다. 디지털 아뜰리에에서는 아이도 부모도 우주 속으로 빨려 들어간다.

인천 어린이박물관

지구촌문화탐구, 과학탐구, 교구놀이, 공룡탐험 등을 운영 중이다. 옛날 교실과 학용품을 재현/전시해 놓은 공간은 레트로 감성을 불러일으킨다.

제주 어린이박물관

어린이 눈높이에서 제주의 산, 들, 바다를 배경으로 살아온 제주 사람들의 이야기를 소개한다. 실감영상실(지하 1층)에서 미디어아트를 관람할 수 있다.

익산 왕궁보석 테마관광지(보석박물관—다이노키즈월드)

반짝반짝 보석도 보고, 익사이팅 체험도 해보자

국내 유일의 공립 보석박물관으로, 11만 9천여 점의 진귀한 보석과 화석을 소장하고 있다. 실내 놀이 체험시설인 '디이노키즈월드'는 아트클라이밍, 스카이 트레일, 레이저테그, 트램폴린 등의 시설을 갖추고 있으며, 실외에서는 슬라이드 타워, 슬라이드, 스카이점프 등을 즐길 수 있다. 겁쟁이 아빠보다 아이들이 더 즐거워한다. 시설에 따라 연령이나 키 제한 등이 있으니 사전에 확인할 필요가 있다.

또 어떤 박물관들이 있을까?

포항 등대박물관

해양교통안전과 바다사랑 정신을 함양하고자 1985년 2월 7일에 개관하였으며, 2022년에 리모델링하여 재개관하였다. 전시관, 체험관, 교육관, 역사관 등으로 구성되어 있다. 볼거리뿐만 아니라 활동 시설이 다양하다.

고성 공룡박물관-상족암 군립공원

국내 최초의 공룡 전문박물관으로, 상족암 군립공원에 위치해 있다. 박물관 관람 후 산책로를 따라 펼쳐진 남해를 감상하고, 공룡 발자국이 있는 상족암 군립공원까지 돌아보면 하루가 짧다. 가족 단위 소풍 공간으로 안성맞춤이다.

의왕 철도박물관

실내전시관과 야외전시장으로 구성되어 있다. 실내에는 역사실, 철도 체험, 모형 철도 파노라마 미래철도실, 영상실 등이 있으며, 야외에는 실제 운행했던 증기 기관차 및 객차 등이 전시되어 있다. 아이가 기차를 좋아한다면 꼭 방문해 보자.

대전 국립중앙과학관

우리나라 대표 과학관이다. 화석 구경, 생물 탐구, 미래기술 체험, 우주탐사, VR 체험 등 생물, 과학 학습 콘텐츠가 무궁무진하여 아이도 부모도 유익하다.

지금,
물아야
이유

부산 국립해양박물관

국내 최초의 종합 해양박물관으로, 상설, 체험, 기획 전시실과 어린이박물관
등으로 구성되어 있다. 다양한 바다생물을 만나볼 수 있는 수족관과 미디어아
트 체험을 아이들이 좋아한다.

제주 항공우주박물관

우주와 항공을 주제로 한 과학관으로 입체영상관과 전시관, 체험관 등으로 이
루어져 있다. 아이들 눈높이에 맞는 해설사 선생님의 설명에 아이도 부모도 집
중한다. 아이들이 좋아할 만한 실내놀이터도 있다.

서울 국립중앙박물관

상설전시관, 특별 전시관, 어린이박물관 등으로 구성되어 있는, 우리나라의 과거와 현재, 미래가 공존하는 대표적인 역사문화 공간이다. 미디어아트 전시와 문화유산을 접목시킨 실감 콘텐츠는 또 하나의 새로운 즐길 거리다.

상주 자전거박물관

국내 최초의 자전거박물관으로, 역사 속 자전거의 모습과 실험적인 디자인의 자전거를 구경할 수 있다. 밖에서 자전거 타기 체험도 할 수 있다.

지금,
육아하는
이유

마을 그리고 길

안동 예끼마을-선성수상길

물속에 마을이 있다니? 중간중간 생각에 잠긴다

예끼마을은 예술의 '끼'가 있는 마을이라는 뜻으로 1976년 안동댐 건설로 수몰된 예안면 인근 주민들이 댐 주변 고향마을이 내려다보이는 곳으로 옮겨오면서 생겨난 마을이다. 골목 담벼락에 색색깔로 벽화가 그려지면서 많은 관광객이 찾고 있다.

선성수상길은 물 위에 뜨는 부교 형태로, 드넓은 안동호를 감상할 수 있다. 길 중간에는 수몰된 국민학교를 추억하는 공간이 마련되어 있다.

걷기도 하고, 쉬기도 하고, 구경하기도 하고~

이천 예스파크

예술가들의 창작활동을 지원하기 위해 조성된 도자 예술마을로, 도자기를 중심으로 회화, 규방, 목공예, 한지공예 등 다양한 공방들이 입주해 있다. 예쁜 소품과 도자기들이 많아 아이들도, 어른들도 하나 사고 싶은 마음이 생긴다.

전주 한옥마을

7000여 채의 한옥이 군락을 이루고 있는 국내 최대 규모의 전통 한옥촌으로, 다양한 문화시설, 역사 유적지뿐만 아니라 수시로 다양한 문화공연 행사를 진행하고 있다. 그래서인지 방문할 때마다 새로운 느낌이 든다.

대전 대청호 오백리길(4구간 명상정원)

대청호 오백리길은 대전(동구, 대덕구)과 충북(청원, 옥천, 보은)에 걸쳐 있으며, 길이가 약 220km나 된다. 서울과 부산에서 대청호까지 거리가 약 오백 리 정도가 된다고 한다. 명상정원은 영화 역린, 창궐, 7년의 밤 등을 촬영한 장소로 유명하다.

천안 독립기념관 단풍나무숲길

독립기념관 외곽을 둘러싼 방화도로 양쪽에 심은 단풍나무가 터널을 형성하였다. 약 3.2km에 이르는 산책로 명소로 '단풍나무숲길 힐링축제' 기간에는 독립기념관 광장에서 다채로운 행사 프로그램도 운영한다.

여기도 좋다!

색다른 여행지

예산 내포보부상촌

저잣거리에서 장터 음식을 먹으며, 신나게 놀아보자

보부상을 주제로 유통문화전시관, 저잣거리, 체험 공방 등이 조성되어 있으며, 야외에서 승마 체험, 숲속 슬라이드, 민속놀이 등 다양한 놀이를 즐길 수 있다.

공주 연미산 자연미술공원

숲속을 산책하며 예술작품을 감상하다

국내 유일의 친환경 생태미술 공원으로, 국내외 작가들의 야외 설치작품을 만나볼 수 있다.

지금,
찾아가는
이유

충주 오대호 아트팩토리

버려진 기계부품이 이렇게 멋진 작품으로 탄생하다니 놀랍다!

국내 1호 정크아티스트 오대호 작가의 다양한 작품이 전시되어 있는 체험 관광지이다. 정크아트로 탄생한 이색 미끄럼틀, 창의적 디자인의 자전거 등을 즐기며, 작품을 감상할 수 있다.

봉화 분천산타마을

어느 날 갑자기 크리스마스 분위기가 그립다면 이곳으로 가자

백두대간이라는 자연 자원과 동심을 자극하는 산타클로스 이미지를 접목해 1년 내내 크리스마스 분위기를 느낄 수 있는 마을이다. 산타열차, 산타우체국, 알파카 먹이 주기, 아기자기한 포토존이 시선을 사로잡는다.

수원 해우재

와! '똥' 박물관이 있다니!

미스터 토일렛 심재덕이 세계화장실협회 창립을 기념하고자 30여 년간 살던 집을 허물고 변기 모양의 집을 지었고, 그 이름을 해우재라고 하였다고 한다. '똥'을 사랑하는 아이들은 호기심을 갖고 즐거운 시간을 보낸다.

부산 해운대 해변열차

해변열차를 탈까? 스카이캡슐을 탈까?

해운대 미포-청사포-송정에 이르는 4.8km 구간의 동해남부선 옛 철도시설을 재개발하여 해변열차와 스카이캡슐을 운행하고 있다. 아이들이 걷는 것을 좋아한다면, 철길 아래 해안산책로를 이용해도 좋다.

공간이 의미가 되다

아이와 함께하지 않았다면
그냥 지나쳤을 공간들이
하나씩 하나씩
의미있는 장소가 되기 시작했다.

지금,
육아하는
이유

：

회상
돌아보고, 나아가다

육아가 조금은 힘들다고 느껴질 때
아이들의 환한 웃음이
그 무엇보다 큰 힘이 되었다.

부모가 주는 사랑보다
아이들은 훨씬 큰 행복을 가져다주었다.

먼 훗날
아이들이 어린 시절을 떠올릴 때
그립고 행복했던 추억으로 기억되었으면 하는
작은 욕심을 부려본다.

1장

다양한 육아의
모습과 생각

다양한 육아 모습

육아, 한 컷

\# 소중한 생명이 우리에게 찾아왔다. 아기가 건강하게 태어나길 바랄 뿐이다.

\# 아이 성장 앨범의 가격이 비싸다.
하지만 예쁜 사진을 남기고 싶은 마음에 만삭, 신생아, 50일, 백일, 돌 시기에 맞춰 스튜디오를 찾는다.

\# 밤에, 아이 울음소리에 두 시간마다 잠이 깬다.
냉동실에 있었던 모유가 해동되는 동안 아이를 달랜다.
우리 집만 전쟁통이고 세상은 고요하다.

\# 목을 잘 가누지 못하는 아이를 목욕시킬 때 살짝 긴장한다.

\# 목욕 중에 아이가 변을 본다. 손으로 건져 변기에 넣는다.

\# 아이의 작은 울음소리에도 엄마·아빠는 재빨리 아이에게 달려

간다.

새벽녘에 아이가 열이 난다. 눈치 보이지만, 아침에 회사에 연락하고 병원으로 향한다.

일요일, 아이가 갑자기 아프다.
근처에 문을 연 병원이 없다. 다른 동네에 갔더니 발 디딜 틈이 없다.
반나절은 병원에서 보내야 할 거 같다.

아이를 데리고 문화센터에 가서 베이비 마사지 수업을 듣는다.
세상 소중한 아이를 눕혀놓고 진지한 모습으로 수업받으며 따라 하는 엄마·아빠들의 모습이 왠지 웃기다.

백일, 돌 잔칫상을 어떻게 준비할까 고민한다.

아이가 아주 어릴 때, 대형 마트에 갔다.
지나가던 어르신이 마트는 공기가 안 좋아서 아기에게는 안 좋을 거 같다고 말씀해 주신다.
생각하지 못했던 것을 일깨워주신 어르신이 참 고마웠다.

마트에 갔더니, 아기용품 할인을 하고 있다.
집에 여분이 남아 있지만, 기저귀와 분유, 간식을 카트에 담기 시작한다.
우리가 쓰는 기저귀가 아닌 다른 브랜드 기저귀의 할인율이 높을 때는 어떤 걸 살까 고민하기도 한다.

오늘은 외출하는 날이다.

기저귀, 분유, 간식, 여벌 옷 등 챙길 게 한가득이다.
특히, 겨울은 내 몸도 무겁고, 손도 무겁다.

어느 날, 아이가 아장아장 걷기 시작한다.
아이의 뒤를 한 걸음 한 걸음 뒤따라가며 신기해한다.

쇼핑몰에 갔다.
갖고 싶은 게 아이 눈에 들어온 모양이다. 전에도 샀으니 오늘은
안 된다고 말한다.
아이의 울음소리가 쇼핑몰 전체를 뒤덮는다. 그래도 오늘은 안
된다며 달랜다.
아이도 부모도 지쳐간다.

둘째 아이가 태어났다.
한 번 경험해 봤다고, 조금은 여유 있게 육아를 하는 나를 발견
한다.

집 주변 어린이집을 알아본다.
국공립 어린이집에서부터 가정 어린이집까지 다양하지만,
선택권은 별로 없다.

어린이집에 안 가려고 아이가 울며 떼를 쓴다.
회사에 늦을 거 같은 긴장감이 든다.

식당에 갔다.
조용하던 아이들이 조금씩 몸이 쑤시는 모양이다.
'영상 틀어줘야 하나?' 생각한다.

아이들을 재우려고 불을 끄고 눕는다.
가끔 피곤한 엄마·아빠가 먼저 잠이 들기도 한다.

아이 둘이 자고 있다.
그 모습이 신기하게도 닮았다.

어린이집 소풍 날짜가 나왔다.
어떻게든 휴가 내서 참석해야 할 거 같다.

아이들 방학 날짜가 정해졌다.
유치원, 어린이집 방학 기간이 좀 겹치나?
그때 휴가 쓸 수 있겠지?

비가 내린다. 아이들은 비가 오니까 우산 쓰고 산책하자고 한다.

5월이다.
가족 모임뿐만 아니라 유치원, 초등학교 학부모 참여 수업과 상담 일정이 잡혀 있다.
바쁘다.

어버이날이다.
아이들이 엄마·아빠에게 편지를 써서 건네준다.
감동이다.

곧 방학이다.
아이들은 유치원, 학교 안 간다고 좋아한다.
엄마·아빠는 뭘 하며 보낼까 고민한다(사실 엄마·아빠도 아이와 함께 있는 게 좋다).

놀이터에 갔다.

한 명은 그네를 밀어달라고 하고, 한 명은 뺑뺑이 돌려달라고
한다.

결국, 한 명은 자기 말을 안 들어줬다며, 소리칠 게 뻔하다.

아이들이 다투고 있다.

중재하려고 하지만, 서로 자기말 안 들어준다고 싸움이 더 커
진다.

초등학교 친구들 대부분 핸드폰이 있다고 한다.

핸드폰에 빠져 살 기 같은데, 그렇다고 안 사 줄 수도 없다.

언제쯤 사 줘야 하나 고민한다.

엄마·아빠의 역할은 누구나 처음 겪는 일이다.
기저귀 갈기, 목욕시키기, 밥 먹이기 등 기본적인
아이 돌보기는
몇 번 하다 보니 익숙해졌다.

아이들이 갑자기 아프거나 어린이집, 유치원 행사에 맞춰
휴가를 내는 건
눈치가 보이지만,
엄마·아빠라면 감당해 내야 할 숙제라고 생각했다.

아이들이 제어 안 되는 순간순간
혹시나 누군가에게 피해가 갈까 봐 전전긍긍할 때도 있었다.

힘들었지만, 아이들이니까 조금은 이해하려고 했다.
아니, 습관처럼 혼내는 나를 발견하기도 한다.

하지만 무엇보다 힘들었던 건

가끔 아이와 함께 있는 것만으로
따가운 눈치를 받을 때였다.

애 좀 조용히 하게 해 주면 안 될까요?

첫째 아이가 어린이집에 가 있는 동안, 아내, 돌이 조금 지난 둘째 아이와 함께 브런치를 먹으러 식당에 갔다.

출발하기 전 아이 동행이 가능한지 물어봤더니 괜찮다고 했다. 도착해서 보니 조금은 조용한 분위기에 전망이 좋은 쪽에는 사람들이 꽤 있었고, 구석에는 유모차를 끌고 온 부부가 식사를 하고 있었다. 우리는 자연스럽게 유모차가 놓여 있는 부근으로 자리를 잡고 주문했다. 다행히 아기 의자에 앉은 둘째 녀석과 유모차에 누워있던 갓난아기가 조용히 있어서 엄마·아빠들은 편안히 식사를 할 수 있었다.

그러던 중 갓난아기가 울기 시작하자 아기 엄마가 젖병을 꺼내 달래기 시작했다.
'아기야, 엄마랑 아빠 오랜만에 외식하는데 조금만 참지'라는 생각이 자동적으로 든다. 하지만 아기는 뭔가 마음에 안 들었는지 울음을 그치지 않는다. 그때 식당 직원분이 부부에게 와서 뭐라고 이야기했는데, 아기 아빠가 뭔가 불만인 듯 큰 소리로 이야기한다. 아마아기 울음소리에 컴플레인이 들어간 모양이다.

"우리가 못 올 데 온 것도 아니고, 우리도 혹시나 해서 아이 데려가도 되는지 확인하고 왔는데, 도대체 아기가 잠시 운 게 그리 큰 피해를 줬냐. 당신들은 그렇게 큰 소리로 이야기하면서 아기 울음소리 조금 들렸다고 뭐라고 하는 게 말이 되냐, 아이들 학교 보내고 식사하러 온 사람도 있고, 주위에 어린 조카 있는 사람도 있을 텐데 이 정도도 이해 못 해 주냐."

아이들이 돌아다니면서 식사를 방해한 것도 아닌 갓난아기의 울음 소리에 컴플레인이 들어간 건 아이 키우는 입장에서는 조금은 아 쉬운 상황이었다.

부모가 된 이후부터 식당 가는 것이 조심스럽다. 혹시나 아이의 울음이나 행동이 다른 사람들에게 피해를 주지 않을까 걱정부터 앞선다. 그래도 외출해서 식사를 해야 하는 경우 식당에 아이가 있는지부터 확인한다. 아이를 낳으면 애국자라고 하지만, 사회 속에서는 죄인이 되는 경우가 많은 거 같다.

아이 키우기 좋은 세상은 아이가 많은 사회이다.

육아의 힘듦에 대해 이해하는 시선이 많을수록
육아하는 부모는 사회에서 위로받는다.

아직 어리니까 잘 못 하는 게 당연한 거야.
나도 크면 잘 할 거야.

— **아이의 말** —

마음대로 단문단답(10문 10답)

1   육아, 힘들지 않나요?

육아 힘들다. 여행을 가더라도 혼자 떠날 때와 둘이 함께할 때가 다르다. 혼자는 자유롭지만, 조금은 외롭게 느껴지고, 둘이는 함께라서 즐겁지만, 서로의 감정에 신경 쓸 수밖에 없다.

육아는 짧은 여행길이 아니다. 서로 다른 삶을 살아온 남녀와 세상 모든 것이 신기하고 자기의 색깔을 채워가는 아이들이 함께하는 긴 삶의 여정이다.

쉬울 수 없다.

　누군가가 언제 가장 행복했냐고 묻는다면, 자신 있게 지금이 가장 행복하다고 말할 수 있다. 물론 지금이 가장 힘들기도 하지만 말이다(웃음). 아빠가 되면서 당연히 해야 할 일들을 하게 되면서 생각지도 못한 행복한 추억을 만들어가고 있다. 부모가 아이를 위해 희생하는 거 같지만, 아이는 부모에게 특별한 행복을 가져다준다.

　그리고 아이와 함께 생활하면서, 행복했고, 즐거웠던 어릴 적 추억을 자주 떠올린다.
　또한 언젠가 아이들이 가정을 이루고, 자식들을 낳게 된다면, 지금의 추억은 그 시간을 더욱 풍성하게 만들어 줄 거라고 생각한다.

　힘들지만, 재미있고, 행복하다.

3 육아휴직, 어땠나요?

육아휴직은 아이와의 유대감 형성뿐만 아니라 나 자신을 되돌아보고, 이 사회에서 육아하는 게 어떤 것인지 생각해 보게 하는 소중한 시간이었다. 직장생활을 병행하며 할 때와는 확실히 다르다.

첫 육아휴직은 온전히 아이와 함께하는 시간, 일방적인 관계의 시간으로, 갑자기 나의 시간이 사라진 거 같아 힘들었지만, 지나고 보면 편한 시간이었던 거 같다.

두 번째 육아휴직은 유치원/학교, 학원 라이딩하며 자기의 생각을 드러내기 시작하는 아이와의 끊임없는 상호작용 시간으로, 재미와 힘듦이 반복되는 생활이었다.

4 육아휴직에 따른 불이익, 고민되지 않았나요?

육아휴직으로 승진에 대한 불이익을 받지 않을까 걱정

한다.

육아하는 사람은 불이익이라고 생각하겠지만, 그 기간 동안 열심히 직장생활을 한 사람은 공정한 결과라고 생각할 것이다.

다만, 육아휴직이 '영원한 승진 OUT'이 아니라 회사 복귀 후 성과에 따른 승진 기회가 보장된다면 육아휴직 선택이 조금은 쉬워지지 않을까.

5   육아휴직, 꼭 할 필요가 있나요?

육아휴직은 긍정적인 부분이 많다고 생각한다. 할 수 있다면 좋겠지만, 꼭 필요한지 물어본다면, 잘 모르겠다. 중요한 건, 육아휴직을 하든, 안 하든 평소 어떻게 아이와 시간을 보내는지가 중요한 거 같다. 퇴근 후, 혹은 주말에 아이와 많은 시간을 보내고 있다면, 아이와 좋은 관계를 형성할 수 있고, 아이들도 직장생활을 하는 부모를 이해하는 듯하다. 또한 그런 상황에서 아이들은 조금은 더 빨리 세상에 적응하는 모습을 보이기도 한다.

집안 사정, 회사 사정, 부부의 가치관 등에 따라 육아휴직 여부를 결정하면 된다.

6   키울 때, 남자아이가 여자아이보다 더 힘든가요?

많은 사람들이 활동이 많은 남자아이의 육아가 더 힘들다고 말한다.

개인적으로는 아이가 어렸을 때는 남자아이와 여자아이의 구별보다 어떤 아이가 감정적으로 예민한지가 육아하는 데 더 영향을 미치는 거 같다.

7   떼쓰는 아이에 대해 어떻게 생각하나요?

'장난감을 사달라고 떼쓰는 아이, 어린이집·유치원에 안 가겠다고 떼쓰는 아이'

아이들이 떼쓰는 건 자연스러운 모습 아닐까? 어른들도 갖고 싶은 물건이 있으면, 여러 방법을 모색하고, 회사에 출근하기 싫어한다. 아이들의 '떼'도 그저 자신들의 의사를 표현하는 방식일 뿐이다. 어른들도 그렇게 떼를 쓰며 생활하던 어린 시절이 있었을 것이다.

다만 기간과 강도가 지나치면, 너무 힘들어서, TV 속 문제 행동을 보이는 아이들의 모습을 떠오르게 한다. 그래서 시간을 가지고 기다려 주지 못하고 상담받아야 하는 게 아닌지 고민하기도 한다. 돌이켜 보면, 아이들이 떼쓰는 행동을 보이는 기간은 생각보다 그리 길지 않다. 그리고 아이가 너무 말을 잘 들어도 재미없지 않을까?(웃음)

8　　　　　　육아 노하우가 있나요?

그냥 하면 된다. 어떤 선택을 하든 양면성을 지닐 수 밖에 없다.

엄격한 부모 아래 예의 바른 아이가, 부모가 없는 장소에서는 억제되었던 감정을 풀 수도 있다.

자유롭게 풀어둔 아이가 부모 앞에서는 자유분방하고 자기주장이 강하지만, 밖에서는 예의 바를 수도 있다.

아이는 부모의 육아 방식에 의해서만 성장하지 않는다. 만1~2세 정도만 되어도 하루의 많은 시간을 어린이집에서 보내는 경우가 많다. 육아에 자신이 없다면, 아이들이 좋은 선생님께 교육받으며 잘 성장하고 있다고 생각하는 것도 나름 마음 편한 육아 방식인 거 같다. 실제로 많은 부분, 어린이집, 유치원 선생님의 관심과 노력으로 우리 아이들이 잘 성장했다고 생각한다.

9   아이의 행복을 위해 어떤 노력을 하나요?

방식은 다르더라도 모든 부모는 자식의 행복을 바란다. 하지만, 그 행복을 아이에게 가져다줄 수는 없다.

그들이 바라는 행복은, 그들이 커 가면서 스스로 생각하며 찾아갈 수밖에 없다.

부모들이 아이들을 위해 한다고 하는 모든 행동은 어쩌면 부모 만족이고, 부모가 바라는 행복일지 모른다.

부모는 아이들이 스스로 행복한 길을 찾는 인생의 여정에서 기대어 쉴 수 있는 쉼터가 되어 줄 수만 있다면 괜찮지 않을까?

10   육아를 하면서 특별히 느꼈던 점이나 하고 싶은 이야기가 있나요?

아이, 금방 자란다. 어느 순간 아이들의 마음속 부모의 공간은 작아지고, 친구와의 교류를 통해 점점 그들만의 생각을 채워나가고 있다는 것을 느끼게 된다. 그전까지 아이와 많은 시간을 보내며 추억을 쌓자.

육아를 할 때, 바쁜 직장생활로 아이와 함께할 수 있는 시간이 적어 아이와 열심히 놀아주는 데 집중하는 경우가 많다. 놀이 활동도 중요하다고 생각한다. 다만, 이에 못지않게 서로의 생각과 감정을 솔직하게 이야기하는 시간을 틈틈이 갖는 것이 아이와 부모 간 신뢰를 쌓고, 관계를 돈독하게 하는 데 큰 영향을 미치는 거 같다.

　육아, 정답은 없다. 아이가 자라고 있는 지금 이 세상은 우리의 어린 시절과는 확연히 다르다. 아이들의 무한한 가능성을 믿으며 각자만의 방법으로 당당하게 하자.

'사랑한다'

이 한마디가 부모와 자식 간에 '신뢰'를 쌓게 하고,

서로의 부족한 부분을 채워 준다.

2장

나는 그냥 아빠

잔소리하고 욱하는 아빠

'잔소리' 잘 하는 아빠다.

자주 하는 잔소리를 곰곰이 들여다보면, 어린 시절 어머니로부터 자주 들었던 이야기가 많다. 가끔 나의 생각을 이야기하기도 한다.

"물 한 잔 먹어(아침에 일어나면)."

"몇 순가락이라도 먹어야 학교 가서 즐겁게 생활할 수 있지(아침밥을 잘 안 먹으려고 할 때)."

"'약속' 시간은 잘 지켜야 해. 다 못 먹었어도 가자(아침에 학교에 늦을 거 같으면)."

"자기 전에는 되도록 안 먹는 게 좋아. 위도 쉬어야 해(밤늦게 뭔가를 먹으려고 하면)."

"그 정도는 스스로 생각하고 결정할 수 있어. 중요하다고 생
각되는 일은 아빠가 의견을 줄 수 있는데, 그때도 스스로
판단하고 고민하고 결정할 수 있어야 해(사소한 일인데도, 결
정에 있어 계속 아빠의 대답을 요구할 때)."

20대에 부모님 품을 떠나 혼자 생활할 때 아침밥을 차려
먹고, 특별한 경우가 아니면 야식을 먹지 않으려 했다. 그
리고 약속 장소에는 최소한 10분 전에는 가려고 했다. 어머
니의 말씀이 나도 모르게 체득되었던 거 같다.

그런 생활이 나의 삶에 큰 도움이 되었다. 그래서인지 아
이가 듣기 싫을 수도 있지만, '잔소리'를 하는지 모르겠다.

인생에서 부모와 자식 간 공유하는 시간은 얼마나 될까.
특히, 요즘에는 초등학생만 되어도 학교와 학원 생활로 바
쁘다. 아이들이 가족과 함께 있는 시간보다 친구와의 교류
가 더 중요해지는 시기가 오면, '잔'소리는 그냥 지나가는
소리로 남을 것이다. 점점 아이와의 대화시간도 줄어들고,
아빠의 생각을 전해 줄 시간도 없을 것이다. 아빠의 품을
떠나기 전에 많은 잔소리를 해 주고 싶다. 그래도 다행히
아직까진 아빠의 잔소리가 싫지 않은 모양이다.

"너희들이 말 안 들을 때, 아빠가 혼내고 잔소리하면 어때?"

"이해해. 우리 잘되라고 하는 거잖아."

또한 '욱'도 가끔 하는 아빠다.

'욱'은 단어의 정의 그대로 앞뒤를 헤아림 없이 나도 모르게 나오는 이야기다 보니 제어하기 힘들다. 아이들에게 아빠의 자연스러운 감정이나 모습을 보여주는 거라며 스스로 위안을 삼기도 한다. '욱' 하는 경우를 보면, 사실 아주 사소한 일인 경우도 많다. 아이들이라 어쩔 수 없다고 생각하는 행동이지만, 나도 모르게 욱한다.

다만, 바로 토닥여주며, 아빠의 감정을 이야기한다. 아이는 아빠의 행동을 이해하지만, 자기들은 아직 어리니까 조금 더 크면 잘하지 않을까? 하고 대답한다. 아이들에게 또 한번 배운다.

아이들과 많은 추억을 나누고 있어서 정말 행복하지만,
가끔 제어되지 않는 아이들의 행동에 힘들 때가 있다.
그래도 한없이 개구쟁이들인 아이들이
가끔 아빠보다도 어른스러운 척하며,
토닥여준다.

맛은 없지만
그래도 뭔가 챙겨주려는 아빠

아내와 결혼하기까지 오랜 시간 자취생활을 했지만, 딱히 다양한 요리를 해서 챙겨 먹진 않았다. 어머니가 보내주신 밑반찬에 된장국, 김치찌개 정도 끓여 챙겨 먹는 정도였다. 그래도 그런 습관이 남아 있어서인지 '요리사 아빠'는 아니지만 '아이들 끼니 챙기는 사람' 정도의 역할은 할 수 있었다.

단순하게 생각한다.

'아이들은 학교나 유치원에서 균형 잡힌 점심과 간식을 먹으니까, 집에서는 어떻게든 조금이라도 먹이는 게 중요하다'라고.

부족한 영양소는 가끔 삼계탕이나 수육을 만들어서 먹이

거나 곰탕을 포장해 와서 보충시키려고 했다.

어머니가 두세 달에 한 번, 아이들 전복죽, 구운 생선, 국, 전, 김치, 진미채 볶음, 멸치 등 아이들 먹을거리와 밑반찬을 보내주시는 날에는 며칠간 음식 걱정이 없어 좋다.

늘어나는 식사 준비

어느 날 계란밥을 먹다가 첫째 아이가 스파게티가
먹고 싶다고 한다.
그러면 둘째 아이는 짜장라면을 달라고 한다.
간식으로 먹다 남은 토스트까지 먹을게 한가득이다.
하지만 정작 아이들은 조금만 먹다가 다시 둘이서
놀기 시작한다.
남은 음식은 이제 아빠의 몫이다.

사회 속에서 위축되는
평범한 남자 어른 아빠

낮에 아이를 돌보는 모습이 종종 눈에 띄기는 하지만, 아이들 등하교 때나 어린이집, 유치원, 학교 학부모 모임에서 아빠의 모습을 찾아보는 건 쉽지 않다. 그래서 굳이 안 해도 되는 말을 미리 꺼낼 때가 있다.

육아휴직하고 애들 보고 있습니다. (유치원 학부모 모임에서)

지금 회사 잠시 쉬면서 애들 보고 있습니다. (헬스장에서의 대화 중)

회사 그만두고 애들 보고 있습니다. (초등학교 학부모 모임에서)

아닌 척해도 나도 모르게 조금 위축되어 있다는 생각이 든다.

그저 평범한 남자 어른이다.

학창 시절, 혼자 산과 바다를 찾아 걷는 걸 좋아했다. 20대가 되어서 가장 먼저 한 일 중 하나도 등산 동호회에 가입한 것이었다. 당시 숫기가 없어 서너 번 활동 후 그만두었지만 말이다.

대학생 때, 운동 동아리, 짧은 학보사 생활, 봉사활동, 스터디 모임, 혼자 여행 등 그때그때마다 하고 싶은 활동을 하며 지냈다. 집에서 생활하는 것보다 밖에서 활동하며 지내는 걸 좋아했다. 어쩌면 누구보다도 더 자유로운 영혼을 가진 나였다.

걷다

사진 폴더에서 발견한 옛날 사진 한 장

어느 겨울, 혼자서 목적지도 없이 기차를 타고 가다
무작정 내려 걷기 시작했었다.

어디로 가야 할지 몰랐지만
그저 걷는 게 좋았다.

어른 아이

가족여행 중
서핑을 즐기고 있는 사람들을 보았다.

그 자유가 조금은 그리웠다.

살다 보면 정해진 길이 불편할 때가 있다.

그 길을 벗어나면 그만큼 생각과 고민이 많아진다.

지금,
육아하는
이유

변화가 필요한 고지식한 아빠

　나는 고지식한 사람이다.

　아이가 아침밥을 못 먹더라도 학교에 늦지 않게 가야 좋아하는 사람이다.

　그렇게 학창 시절을 보냈다. 대학생활뿐만 아니라 사회에 나와서도 그렇게 생활하려고 노력했다. 그런 생활이 부질없다는 생각이 들 때도 있었다. 하지만, 지나고 보니 잘난 것 없는 나를 '성실함'이라는 예쁜 이름으로 포장하여 지금까지 지켜준 무기가 되어준 거 같다.

　초등학교에 입학하니 교외학습체험 제도가 있었다. 보호자의 동의를 전제로, 교외학습체험(현장 체험학습, 친인척 방문, 가족 동반 여행, 고적 답사 및 향토 행사 참여, 가정학습 등)을 하면 출석을 인정해 주는 제도다. 학기 초, 교외학습체험을 신청하고, 가족 동반 여행을 다녀왔다. 좋은 경험이었다.

하지만 아이가 학교 다니기가 조금 힘들다고 느껴질 때, 교외학습 체험을 신청하고 학교에 안 가도 되는 것으로 인식할까 봐 미리 걱정되었다. 실제로 친구들이 교외학습 체험으로 빠지는 모습을 보고, 자기도 학교에 안 가면 안 되냐고 이야기할 때가 있었다. 하루 이틀, 학교에 빠지고 잠시 가족 품에서 재정비하는 것도, 가끔 학교가 아닌 다른 곳에서 배움을 얻는 것도 나쁘지 않을 텐데, 아직은 여전히 교외학습 체험을 적극적으로 활용하기가 조심스럽다. 그래도 변해야 한다는 걸 안다.

복잡하고 미묘한
아빠의 감정과 상태

육아를 하고 있으면 많은 생각과 감정이 나를 뒤덮는다.

행복하다

육아를 통해 가장 자주 느끼는 감정은 행복이다.

육아는 그저 아이와 함께 있는 것만으로도 상상도 할 수 없을 만큼의 행복감을 느낀다. 내가 아니더라도, 함께 뭔가를 하지 않더라도 아이가 즐거워하고, 기뻐하면 그 이상으로 아빠도 엄마도 행복감을 느낀다. 행복이라는 단어가 담지 못하는 특별한 감정을 느낀다.

미안하다(죄송하다)

부부 스스로 육아를 해 나가지 못하고, 누군가의 도움을 받아야 할 때, 죄송한 마음이 든다.

놀랍다

아이들이 생각하지도 못한 행동과 말을 할 때, 어떻게 저런 생각을 할 수 있었을까?라는 생각이 든다.

눈치보다

아이를 기르다 보면 부득이하게 조퇴나 휴가를 써야 할 때가 많다. 감사하게도 편하게 쓰라고 하지만, 괜히 눈치가 보이는 건 어쩔 수 없다.

긴장하다·예민하다

식당에 가거나, 대중교통을 이용할 때 혹시나 아이들의 소란스러움이 다른 누군가에게 피해를 주지 않을까 긴장된다. 그래서 아이의 행동 하나에 평상시보다 예민하게 반응하게 된다.

감사하다

길을 걷다 우연히 지나가던 분들이 아이들을 보며 예뻐해 주는 모습에 감사함을 느낀다.

특히, 아이들이 떠들어 죄송할 때, '아이들은 다 그러면서 크는 거야'라며 이해해 주시는 분들의 말씀에 큰 힘을 얻는다.

욱하다

아이들이다 보니 할 수 있는 사소한 행동들이지만, 육아에 지친 상태에 나도 모르게 표출되는 감정이다.

정신없다·넋을 잃다

아이들이 정신없이 어지럽히고 말을 안 들을 때, 혼이 빠져나간 느낌이 든다.

멍하다

일상이 반복되다 보면 어느 순간 지금 뭘 하고 있는 걸까 하는 생각이 든다.

가만히 멍때리고 있는 순간이 자주 온다.

복잡하다

매일매일 다양한 생각과 감정이 머릿속을 가득 채운다. 행복한 순간에도, 힘든 순간에도 다양한 감정과 생각이 함께 밀려온다.

슬프다

이유 없이 슬플 때가 있다.

신나다

아이들과 놀다 보면 가끔 나이를 잊고 뛰어노는 게 재미있을 때가 있다.

외롭다

육아를 하다 보면, 사람과의 관계가 거의 끊긴다. 가족 외에 누군가와 대화할 기회가 없다.

어느새 그게 익숙해지다가도 가끔 외롭게 느껴질 때가 있다.

흐뭇하다·아쉽다

한없이 어리기만 할 거 같은 아이들이 스스로 하는 일들이 하나둘씩 생길 때마다 흐뭇하지만, 금세 더 커 버릴 거 같은 생각에 뭔가 아쉽게 느껴진다.

3장

미안하고 감사한 마음

부모와 자식 세대 간 기회 차이

 육아를 하면서, '나는 정말 행복한 세대였구나'라는 생각을 자주 한다.

 '경쟁' 사회에서 힘든 점도 있었지만, 기회가 있었고, 부모 세대가 누리지 못한 많은 혜택을 받으면서 살아온 거 같다. 우리 부모 세대는 지금보다 좋지 않은 환경에서 어린 시절을 보냈고, 결혼 후 당신보다 자식을 우선으로 생각하며 살아왔다.

 노년에는 편안한 여생을 보낼 줄 알았는데, 또다시 황혼육아를 한다.
 맞벌이하는 자식들에게 조금이나마 도움이 되고자, 혹시나 아이 때문에 직장 생활하는 데 어려움을 겪지 않을까 걱정이 되어 힘든 몸을 이끌고 손주를 보러 오신다.

'경력 단절'이 육아를 하는 엄마와 아빠에게 걱정거리라면,
부모에게는 더 큰 '아픔'일 수 있다.

우리의 부모가 보여준 헌신만큼 우리도 아이들을 위해 희생하며 살 수 있을까.

먼 훗날, 자식들이 힘들게 육아를 하고 있다면, 지금의 우리 부모들처럼 나의 일처럼 육아를 도와줄 수 있을까.

두 아이의 아빠가 된 지금 부모님과 함께했던 시간보다 떨어져 산 시간이 더 많다.

부모와 자식이라는 인연 때문에 지금도 부모님은 한없이 주시기만 하고, 자식인 나는 한없이 받기만 한다.

내리사랑은 어쩌면 가장 슬픈 말인지 모르겠다.

잠시, 끄적끄적

\# 유모차를 끌고 가고 있는데 지나가시던 어르신이 말씀하신다.

"우리 때는 애 보는 일은 다 여자들이 했는데, 요즘은 남자들도 함께해서 보기 좋은 거 같다."

평범한 일상의 소소한 행복

　결혼을 하고, 아이를 낳고 지내다 보면 지금까지의 삶과는 다른 일상이 반복된다.

　아침에 눈을 떠 씻고, 아이들 등원 준비를 하고 출근한다.
　때론 바쁘게, 때론 여유 있게 직장생활을 마치고 집으로 돌아온다.
　정신없는 식사를 하고, 정신없이 아이들과 시간을 보낸다.
　한두 시간 정도 놀다, 아이들이 잠들면, 짧은 휴식을 즐기다 잠이 든다.

　이렇게 반복되는 일상이 그때는 행복인지 몰랐다.
　몸이 피곤해서, 혹은 퇴근 후 자유시간이 사라져서 그저 힘들게 느껴졌다.
　아이들이 주는 행복이 더 컸음에도, 아이들이 조금이라도 일찍 잠들기만 바랐다.

꾸역꾸역 육아를 할 수 있었던 건,
힘들 때마다 큰 웃음을 주는 아이들 때문이었다는 걸
지난 추억을 되돌아보며 알았다.

소음 있는 우리 집 애마(자동차)를 집 앞에 주차한다.
퇴근 시간이라서 아빠임을 직감한 아이들이 꼬리를 달고
"야옹야옹" 하면서 마중 나온다.
이런 호사스러운 마중을 언제 또 받아 볼 수 있을까.

사회와 소통하지 못하는 아이들

어느 날 식당에서 아이들과 식사하고 있는데, 연세가 지긋하신 할아버지가 "애기들이 밥 맛있게 잘 먹네." 하시며 아이들 머리를 살짝 쓰다듬으신다.

그때 할아버지의 따님으로 보이는 분이 다급하게 오시더니 "아버지, 요즘에는 아이들한테 함부로 손대면 안 돼요." 라고 말씀하신다. "아니에요. 괜찮습니다."라는 말을 꺼내지만, 금세 계산하시고 나가신다.

"할아버지가 너희들 예쁘다고 머리 쓰다듬어 주시면 어때? 싫어?"
"아니, 우리가 예뻐서 그러신 거잖아. 괜찮아."

물론, 다른 누군가가 나의 아이들에게 다가오는 걸 싫어할수도 있고, 면역력이 약한 갓난아이를 부모의 동의 없이 만지는 행동 등은 삼가야 한다.

다만, 아이를 키우는 사람들에게 지켜야 할 행동을 말하는 애(KID)티켓이 가끔 아이와 사회 속 어른 사이에 장벽이 되는 거 같아 안타깝다.

식당에서 식사할 때, 가끔 엄마·아빠의 제어에도 아이들이 떠들기도 한다.

부모에게 익숙한 아이들은 아무리 달래고 혼내도 말을 듣지 않는다. 이럴 때 가끔 주위에 계시는 어른이 "식당에서는 그렇게 떠들면 안 돼."라고 한마디 해 주셨으면 할 때가 있다. 하지만 그런 경우는 거의 일어나지 않는다.

그저 '애들 조용히 좀 시키지.'라는 따가운 시선만 자격지심으로 느껴질 뿐이다.

한 아이를 키우려면 온 마을이 필요하다는 말을 종종 한다.

하지만, 어느 순간 아이들의 잘못된 행동을 함께 바로잡아 줄 마을 속 어른을 찾기 힘들다.

괜히 남의 일에 참견했다가 좋지 못한 소리를 듣는 경우가 지속적으로 발생하다 보니, 남의 일에 참견하지 말자는 인식이 사회 속에 만연해진 거 같다.

아이들이 가정이 아닌 사회 속에서도
사랑받고 있음을 느꼈으면 한다.
아이들이 사회 속에서도 많은 것을 느끼고
배울 수 있는 세상을 기대한다.

4장

다가올 날들

누군가 나에게 꿈이 뭐냐고 물으면

"잘 모르겠다"고 말했다.

조금은 슬펐다.

하지만

꿈이 없어 다양한 생각을 품을 수 있었다.

인생이라는 긴 여행에서 하나의 목적이 없는 것도

삶을 풍요롭게 하고, 그 과정에서 행복을 찾게 되는 거 같다.

그게 좋은 삶인지는 모르겠다.

하지만, 그때그때 나다운 선택을 하며

후회 없는 삶을 살려고 하고 있다.

성장하는 아이들

육아휴직과 전업육아는 나의 선택이었다. 몇몇 사람들이 이야기했다.

"아이는 금세 자라니까 어떻게든 직장생활을 병행하는 것이 낫다."

하지만, 병행할 자신이 없었다.

첫째 아이가 태어나 어쩔 수 없이 장모님께 육아 도움을 받았을 때도 죄송한 마음에 힘들었다.

또한, 일생에서 걱정 없이 자기의 감정대로 살아갈 수 있는, 무조건적인 사랑을 받을 수 있는 시기는 그리 길지 않다. 그 시기에 부부 중 한 명이라도 아이와 함께 있는 것이 좋다고 생각했다.

아이들이 씩씩하게 스스로 집과 학교, 학원을 오가며 생활할 수 있을 때쯤이면,

아이들 마음속 아빠의 자리가 조금은 작아질 때쯤이면, 다시 경제활동을 하며 육아를 이어갈지 모른다.

아니, 그때까지 기다리지 않더라도 중간중간 일해야 하는 상황이 생길지 모른다.

하지만 아이들이 학교를 마치고 아무도 없는 빈집에 돌아올 걸 생각하니 여전히 마음에 걸린다.

그래도 그땐, 아이들 스스로 해 나갈 수 있을 거라고 믿을 수밖에 없다.

아니, 그런 생활이 아이들에게 또 다른 성장을 안겨 줄 거라고 생각한다.

어느새 자란 아이들에 맞춰 또 다른 모습의 육아를 조금씩 준비해야 한다.

초등학생 때까지의 육아는 소꿉장난이고, 중·고등학생이 되면 또 다른 육아의 세계가 열린다는 글을 어디선가 본 적이 있다.

짧은 생각으로는 아이들이 성인이 되는 과정에서 전반기

가 생활 육아였다면, 후반기는 생활 육아뿐만 아니라 교육 육아가 기다리고 있다는 것으로 생각된다.

가끔 아이들에게 이야기한다.

"공부도 중요하지만, 스스로 생각하고 판단할 수 있는 시간을 많이 가졌으면 좋겠어. 똑같은 것을 보고 있더라도 사람들의 생각이나 하는 행동이 다르지? 각자 생각하는 방향이 달라서 그런 거야. 아빠는 너희들이 어렸을 때 많은 생각을 하고, 어른이 되었을 때, 너희다운 선택을 하며 살았으면 좋겠어."

내가 그랬다. 친구들을 좋아해 공부를 등한시한다는 담임 선생님의 말씀에도 부모님은 그저 웃으셨다(순전히 나의 기억). 학창 시절, 물론 공부도 했었지만, 주말이나 방학 때, 혼자서 산을 타고, 바다를 찾던 나를 기억하고 있다. 그 기억 속 나의 모습을 떠올리면 지금도 기분이 좋다. 언젠가 아내가 나에게 "오빠는 자존감이 높아."라고 말한 적이 있다. 그때 처음 자존감이라는 단어를 들었다.

내가 자존감이 높다면, 그건 항상 자식을 믿어주시던 부모님이 있었고, 그로 인해 나의 생각을 하며 살 수 있었기 때문이었던 거 같다. 나도 그런 부모가 되고 싶다.

가족 그리고 나

유치원에 가던 차 안에서, 세상에서 가장 소중한 게 무엇인지 아이가 나에게 물어본 적이 있다.

"아빠는 세상에서 뭐가 가장 소중해?"
"당연히 우리 애기들이지."
"그럼 아빠는…? 아빠는 안 소중해?"
"아빠보다 우리 애기들이 더 소중하지. 아빠는 할머니가 잘
돌봐 주셔서 하고 싶은 것들 하면서 행복하게 지냈어. 이제
는 아빠가 우리 애기들 잘 돌봐 줄게."
"아빠, 왠지 슬퍼. 아빠도 소중히 생각했으면 좋겠어."

아이들과 함께 보낼 수 있는 시간은 그리 길지 않다.
서로의 삶이 바빠 제대로 얼굴을 보지 못할 날이 올지도
모른다.

그래서 조금은 강박적으로 육아에 집착했는지 모르겠다.

　아이가 걸어갈 정규교육 과정은 내가 걸었던 모습과 많이 다르다. 30여 년 전에 머물러 있는 나의 머릿속으로는 생각할 수 없는 세상에서 아이들이 살아간다.

　아직까진 아빠 품이 좋다고 말하는 아이들이다.

　아이들이 조금이라도 어렸을 때 함께 추억을 만들고, 아빠의 생각을 전해 주고 싶다.

　육아가 힘들지만, 아이가 한번 웃어주면 그것으로 그 힘듦을 잊고 또 해 나가게 된다고 많은 부모들이 이야기한다. 하지만 가끔, 너무 행복하지만, 너무 힘들어서 이 순간이 조금은 빨리 지나가기를 바랄 때도 있었다. 그래도 아이들과 부대끼며 살아가고 있는 지금이 나의 삶에서 가장 행복한 시간이라는 걸 알고 있다. '육아하고 있는 꿈'에서 깨면 다시 돌아갈 수 없다는 생각에 슬프다.

　하지만, 육아를 하다 보면 어쩔 수 없이 나의 삶이 사라진 듯한 감정을 느낄 때가 있다.

　더욱이 아빠로서 전업육아를 하다 보면 사회적 관계가 단절되어 홀로 남겨지는 듯한 느낌을 받을 때가 많다. 육아하는 엄마들의 경우 서로 네트워크를 형성하고 지내는 경우가 있지만, 육아하는 아빠는 그 속에 동화되는 게 어렵게 느껴진다.

'가족'이라는 이름 아래 함께 살고 있지만, 부부나 자식들 모두 각각 다른 인격체다.

서로 다른 두 남녀가 인연이 되어 부부가 되었다. 부부가 되기까지 걸어온 길이 다른 만큼, 결혼과 육아라는 현실 속에 살다 보면 조금은 달랐던 삶의 발자취가 보이기 시작한다. 서로 조금은 이해하고, 조금은 내려놓으며, 퍼즐 조각을 하나하나 맞추듯 살아간다. 퍼즐 조각이 맞을 때는 즐겁게, 맞지 않을 때는 억지로 맞추지 않고 잠시 내려놓고 걸어간다.

순백의 아이들은 엄마·아빠를 보고 자라면서 조금씩 닮아간다.
하지만, 가족이 아닌 친구들과 관계를 맺고, 사회 속에서 생활하는 시간이 늘어날수록 그들만의 향기를 가진 성인으로 성장해 나갈 것이다.

그렇게 아이들이 돌봄이 아닌 동행의 대상이 될 때, 조금은 잊고 살았던 나를 되돌아보며, 몸도 마음도 새롭게 채우고 싶다. 아니, 아이들의 마음속에서 아빠의 자리가 작아질 때, 아빠가 아닌 그저 나로 살아가야 할 날이 원하지 않아도 올 거라는 걸 안다.

그때가 오면 슬플 것만 같은 이 기분은 뭘까.

나 는 나 의 길 을 가 련 다

아이들에게는 그들만의 재미있는 세상이 있다.
그리고 그들의 생각과 방법으로 세상을 알아간다.
아이들이 자유롭게 생각하고 행동할 수 있는 건
그들을 가장 사랑하는, 그리고 그들이 가장 사랑하는
엄마·아빠가 곁에 있기 때문일 것이다.

조금만 더 이렇게

애들아,
우리, 될 수 있으면
조금만 더 이렇게
철들지 말고 함께 세상을 즐기자.

⋮

못다 한 이야기
보금자리

작지만 소중한 보금자리

우리 부부는 경제적으로 여유 있게 시작하지 못했다.

30여 년이 지난 아파트에서 월세로 신혼생활을 시작했다.

방이 두 개인 작은 공간이었지만, 둘이 살기에는 괜찮았다.

하지만 아이가 생기고 매일매일 아이들 장난감 아이템을 알아
보는 아내의 자식 사랑 때문에 집안은 발 디딜 틈이 없었다.

더 이상 아이들 물건이 생기지 않았으며 하는 마음이 생기다가
도 아이를 생각하는 아내의 마음이 고맙기도 했다.

한편으론 그만한 공간을 마련해 주지 못한 것에 대한 미안한
생각도 들었다.

청약, 잔금대출 그리고 이야기

친구들이나 직장 동료들과 이야기하다 보면, 보금자리를 마련하기 위해 부동산, 경제 공부를 하며 지내고 있다는 걸 알았다. 그리고 각자의 경제적 상황에 따라 청약을 하거나 매매 등을 통해 보금자리를 마련한 사람도 있었다. 우리도 한번 청약을 해 보면 어떨까라는 생각이 들었다. 그때부터 부동산, 경제 관련 인터넷 카페, 블로그 등에 가입해 시간이 날 때마다 틈틈이 관련 글들을 읽기 시작했다. 둘 다 직장이 있으니 대출 진행에 문제가 발생할 거 같진 않았다. 현실적으로 부담이 덜 되는 작은 평형에 청약을 해 당첨되었다.

시간이 흘러 첫 분양 아파트 잔금대출을 받으러 은행에 갔다.

아내가 은행에서 잔금대출을 진행하고 있었는데, 시간이

많이 소요되는 거 같아 은행 밖으로 바람을 쐬러 나갔다. 그때 은행관계자인지, 대출을 받으러 오신 분인지는 모르겠지만, 연세가 있어 보이는 분이 아파트 대출을 받으러 왔냐고 물으시며 이런 말씀을 해 주셨다.

"시간이 흐를수록 월급이 오르겠지만, 자식도 자라고, 씀씀이도 커지면서 결국 그대로다. 월급만으로 집을 살 수 있는 사람은 아주 드물다. 한번 분양받고 좋다고 끝나면 안 된다. 계속 관심을 가지고 조금 더 나은 곳으로 옮기려고 노력해야 된다. 그렇게 하다 보면 조금은 안정된 보금자리를 마련할 수 있다. 우리도 다 그렇게 했다."

지금,
육아하는
이유

새집으로 이사한 첫날
조금은 높아진 보금자리에서
아이들이 아파트 불빛들이 신기한 듯 내려다본다.

잠시, 끄적끄적

어느 날 아이에게 물었다.

"이사한 집이 좋아? 예전에 살던 곳이 좋아?"

아이가 대답했다.

"예전 집이 좋았어. 내 방이 없었지만, 마음껏 뛰어놀 수 있어서 좋았어.
숨바꼭질도 하고. 우리가 맘껏 뛰어놀아도 괜찮았잖아.
그런데 지금은 그렇게 하지 못해. 조금만 뛰어도 아빠가 혼내잖아.
그때가 재미있었어."

아이에게 집이란 그저 편하게 뛰어놀 수 있는 공간이면 되는 거 같다.

하지만, 아이의 마음과는 달리, 엄마·아빠는 안정된 환경에서 아이들을 키
우기 위해 우리의 보금자리(Buy)에서 행복하게 사는 것(Live)이 중요했다.
누군가는 집은 사는 것(Buy)이 아니라 사는 것(Live)이라고 말하기도 하지
만 말이다.

지금,
육아하는
이유

글을 마치며

그저 해야 하는 것이니까 했다.

하다 보니 아이의 웃음을 보는 것이 너무 행복하고 좋았다.

그렇게 지내다 보니 평범했던 남자 어른이 아빠로 살아가고 있었다.

많은 사람들이 결혼을 하고, 아기가 생기면 책임감이 생긴다고 말했다. 난 그 전보다 책임감이 생긴 건지 잘 느끼지 못했다. 책임감이 생겨서 어떻게 행동해야 하는지 알 수 없었다. 그냥 하던 그대로 직장생활을 하며 퇴근 후 육아를 할 뿐이었다. 그냥 해야 할 일이 하나 더 생겼을 뿐이었다.

처음 겪는 육아의 모든 상황이 낯설기는 했지만, 아이들 기저귀 갈고, 분유 먹이고, 씻기는 건 몇 번 해 보니 금방 익숙해졌다. 다만, 아이를 맡겨야 하는 상황이, 다른 누군가의 삶에 영향을 미치는 거 같아 힘들었다. 어린이집, 유치원 행사가 있거나 아이가 갑자기 아플 때 반복적으로 휴가나 조퇴를 써야 할 때, 내가 가진 연차를 쓰는 것일 뿐이라고 생각하면서도 신경이 쓰이는 건 어쩔 수 없었다.

육아휴직과 전업육아를 선택할 수 있었던 건 다양한 이유가 복합적으로 작용했지만, 어쩌면 내 마음 편하자고 했던 것일지도 모른다. 많은 부모들이 똑같은 고민을 안고 경제적인 상황 때문에 이 모든 것을 참고 직장생활을 해나간다. 그런 면에선 어쩌면 무책임한 사람이였는지도 모르겠다.

사직서를 제출하기 전, 조금은 육아에 지치고, 사회의 시선이 신경 쓰였을 때, 퇴사하지 말아야 하나라는 생각을 아주 잠깐 한 적이 있다. 열심히 직장생활 하는 책임감 있는 아들과 사위로, 집안의 가장 노릇을 하는 남편으로, 다른 아빠처럼 회사 다니며 재밌게 놀아주는 평범한 아빠로 살아가는 게 좋지 않겠느냐는 생각이 들기도 했다.

하지만, 아이들 곁에 있고 싶었다. 몇 년만 지나면, 부담을 주지 않더라고 아이들은 입시전쟁, 취업 전쟁이라는 조금은 각박하고, 경쟁적인 세상 속에서 살아갈지 모른다. 부족한 아빠이지만, 지금만이라도 아이들이 편안한 마음으로

지금,
육아의
이유

생활하게 해 주고 싶었다.

  육아, 힘들다.

  하지만, 혼자 지나치게 많은 책임감과 부담을 가질 필요
는 없다. 힘들 땐, 잠시 멈추고 옆을 바라보면, 한발 한발 같
이 해 나가고 있는 배우자가 있다. 가족, 어린이집 선생님,
유치원 선생님, 학교 선생님, 직장 동료, 이웃분들, 친척, 친
구, 아이들 친구, 우연히 스쳐 지나간 길 위의 인연들이 함
께 부모의 부족한 부분을 채워준다.

  그리고, 아이들도 부모의 생각보다 더 씩씩하게 세상을 살
아간다.

  힘든데, 미치도록 행복하다는 생각이 머릿속에서 지워지
지 않는다.
  살면서 이렇게 행복했던 적이 있었을까.

  있었다.

나의 기억 속 어린 시절,

동네에서 뛰어놀다 집으로 돌아오면 어머니의 따뜻한 음식이 기다리고 있었다.

항상 최고라고 이야기해 주시던 어머니, 항상 예뻐해 주시던 할머니.

그게 행복이라는 걸 그때는 몰랐다.

그냥 그런 줄 알았다.

육아는 잊고 지냈던 어린 시절을 떠올리게 한다.

아이와 시간을 보내다 보면 나도 귀하고 소중한 사람이었다는 것을 다시 한번 생각하게 된다.

먼 훗날, 아이들은 어린 시절을 어떻게 기억할까.

지금,
육아하는
이유

아내가 첫 아이를 안고 있다

아이가 공을 차며 신나게 달린다

동생의 돌잔치, 누나가 숨어서 용돈을 확인하고
있다

첫째 아이가 갓 태어난 동생을 바라본다

첫걸음을 내딛는 둘째 아이, 스스로도 대견스러운
지 웃는다

도서관에서 아이들이 골똘히 책을 보고 있다　문화센터 내 놀이방, 아이들이 장난감을 찾고 있다

어느 시골길, 아이들이 뭐가 그리 재미있는지 한바　비 오는 밤, 아이들과 산책하고 있다
탕 웃는다

친척 집에 놀러 온 아이들이 마당에서 즐겁게 놀고　등산 중, 아이들이 휴식을 취하며 산 아래를 내려다
있다　본다

둘째 아이가 자전거를 타고 누나를 쫓아가고 있다　아이가 아빠의 무릎을 베고 누워 휴식을 취하고 있다

우리는 가족

행운을 만나 행복을 꿈꿨다

어느 날
아이가 품 안에 들어왔다.

아이는 아장아장 걸었고, 옹알이를 했다.
아이는 산책을 하며, 세상의 것들을 궁금해했다.
아이는 어린이집과 유치원에 다니며 사회생활을 시작했다.
아이는 점점 자기 생각을 말하며,
자기만의 세상을 만들어 가려고 하고 있다.

이 모든 것이 아이가 태어나서 초등학교 생활을 시작하는,
7년여 동안에 이루어졌다.

고민도 많았고 힘든 점도 있었지만, 미치도록 행복했다.

이 행복한 추억이 세상을 살아가는 데 또 하나의 힘이 될 것이다.
아이들도 그랬으면 좋겠다.

지금,
육아하는
이유